마흔, 행복을 말하다

마흔, 행복을 말하다

초판 1쇄 펴낸날 | 2012년 1월 30일

지은이 | 김병완
펴낸이 | 이금석
기획·편집 | 박수진
디자인 | 김현진
마케팅 | 곽순식, 김선곤
물류지원 | 현란
펴낸곳 | 도서출판 무한
등록일 | 1993년 4월 2일
등록번호 | 제3-468호
주소 | 서울 마포구 서교동 469-19
전화 | 02)322-6144
팩스 | 02)325-6143
홈페이지 | www.muhan-book.co.kr
e-mail | muhanbook7@naver.com

가격 12,000원
ISBN 978-89-5601-293-3 (13320)

잘못된 책은 교환해 드립니다.

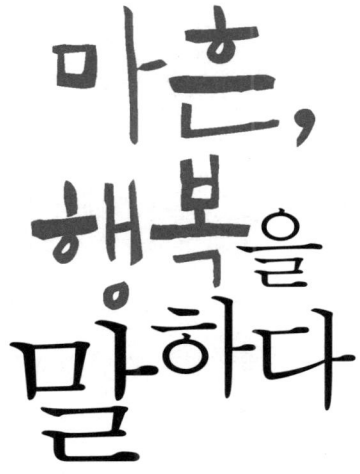

마흔, 행복을 말하다

김병완 지음

프롤로그
행복, 이 시대 최고의 경쟁력

'무엇이 삶의 질을 좌우하는가?'

'무엇이 인생을 성공과 행복으로 이끄는가?'

우리 모두는 행복하게 살기를 원한다. 하지만 그렇게 살고 있는 사람은 많지 않다는 것이 이 책이 탄생된 배경이다.

행복하게 살고 싶지만 행복하게 살아가지 못하는 것. 이 모습은 마치 불치병에 걸려 완치되고 싶지만 완치되지 못하는 사람들의 모습과 흡사하다. 우리 주위를 둘러보자. 시한부 인생을 선고 받은 말기 암 환자들 중에서도 기적적으로 암세포가 사라져 완치되는 사람들이 있다. 누구에게는 불치병이었던 것이 누구에게는 완치되는 병이 되는 것이다. 그 차이는 무엇일까?

말기 암 환자였다가 건강해진 사람들에게는 2가지 공통점이 있다.

첫째, 삶에 집착하지 않는다.

대부분의 사람들은 하루라도 더 살고 싶어 힘든 투병생활을 시작한다. 하지만 통계적으로 그것에만 매달리는 사람은 오히려 완치율이 매우 낮다고 한다. 죽음과 암세포 수에 초점이 맞춰져 무의식적으로 더욱더 공포와 두려움을 느끼게 되기 때문이다.

둘째, '어떻게 하면 병을 고칠까?'가 아니라 '어떻게 하면 행복하게 즐겁게 재미있게 잘 살까?'에 더 관심을 가진다.

'시한부 선고를 받고도 걱정하지 않고 초월해서 산다는 것이 가능할까?'라는 의구심이 들 것이다. 하지만 실제 이렇게 생각했던 사람들의 생존율이 훨씬 높았다.

대표적인 사례가 서울대병원의 병원장이었던 한만청 교수다. 그는 생존율 5% 미만의 암 4기였다. 암 전문의가 암에 걸린 것이다. 어떻게 되었을까? 그는 다른 암 환자와는 다른 방식과 태도를 취했다.

"암은 벗어나려고 발버둥 치면 칠수록 더 깊이 빠져드는 늪과 같다. 나는 내 자신에게 '왜, 무엇을 위해서 암과 싸워야만 하는 것인가?'라는 질문을 했다."

그는 암을 적으로 상대한 것이 아니라, 잠시 몸에 찾아왔다가 때가 되면 다시 가는 손님처럼 대접해주었다고 한다. 암과 함께 재미있고 즐겁게 사는 것에 집중하다 보니 삶이 더 많이 주어졌다는 것이다. 결국 그는 건강을 되찾을 수 있었다.

여기서 우리는 말기 암 환자의 생과 사를 가르는 것은 아주 작은 삶의 방식과 마음가짐이라는 사실에 주목해야 한다. 이것은 똑같은 조건에서 행복을 선택할 것인가 불행을 선택할 것인가를 결정짓는 차이이기도 하다. 같은 치료법을 썼지만 결과는 확연히 다르게 나타났다.

말기 암 환자에게 많은 돈과 높은 직위는 아무 소용이 없다. 다만 희망을 품고 삶을 즐기는 것만이 최선이다. 이러한 삶의 방식과 자세는 건강한 사람에게도 행복과 불행을 결정짓는다.

성공하거나 부자가 되면 행복할까? 그렇다면 왜 한국 사회는 눈부신 경제 성장을 이루었음에도 불구하고 자살률, 이혼율이 과거보다 비교도 되지 않을 만큼 높아지게 된 걸까?

시대가 바뀐다 해도 불변하는 것이 있다. 그중 하나가 우리의 존재 이유다.

'우리는 왜 태어난 것일까?'

난제를 불쑥 꺼내어 독자들에게 부담을 주어 미안하다. 그 미안함을 경감시키기 위해 그 대답을 대신해 준 사람을 소개하겠다. 아인슈타인이 일본을 방문한 적이 있었는데, 그때 한 학생이 다음과 같은 질문을 던졌다.

"인간은 무엇을 위해 태어난 것입니까?"

이 질문을 듣고 20세기 최고의 천재 과학자인 그는 다음과 같이 대답했다.

"인간은 인간을 행복하게 하기 위해서 태어났습니다."

그의 대답이 정답이라면 우리는 인간을 행복하게 하기 위해 태어난 것이고, 그렇다면 행복하게 살아야 할 의무와 권리가 있다. 우리가 행복해야 부모님께서 행복하실 수 있다. 우리가 행복해야 자녀들이 행복할 수 있다. 우리가 행복해야 몸담고 있는 회사와 조직이 잘될 수 있다. 우리가 행복해야 보다 살기 좋은 사회가 될 수 있다. 우리가 행복해야 이웃과 타인들에게 친절을 베풀 수 있고 배려를 할 수 있다. 이런 점에서 우리가 행복하게 산다는 것은 결국 이 세상을 위한 것이며, 주어진 숭고한 사명인 것이다.

그렇다면 행복하게 사는 방법은 무엇일까? 바로 그것! 행복하게 사는 방법을 알려주는 것이 이 책의 주된 목적이다. 그 방법에 대해 배우기 전에 비밀 2가지를 공개하겠다.

첫째, 성공한 사람이 행복해지는 것이 아니라 행복한 사람이 성공한다.

둘째, 행복하지 않은 사람은 부자가 되고 성공을 해도 절대 행복해지지 않는다.

이 단순해 보이는 비밀을 대부분의 사람들이 깨닫지 못한다.

행복이 최고의 경쟁력인 시대다. 행복한 사람들은 그렇지 못한 사람들에 비해 에너지와 활력이 넘친다. 또한 매우 창의적이며 유머감각이 뛰어나다. 뿐만 아니라 마음이 부드러우면서도 강하기 때문에 인생을 살면서 맞닥뜨리게 될 크고 작은 일들에 대해 유연한 사고와 굳건한 의지로 대처해 나갈 수 있다.

세상을 바라보는 시각과 마음자세가 바뀌면 자신보다 주위 사람들이 먼저 변화를 감지하게 된다. 근본적인 큰 변화가 외양으로 나타나 타인의 눈에 먼저 띄기 때문이다.

행복은 그 자체로 다양한 측면에서 큰 방패가 되어 준다. 그래서 어떤 위협이나 어려움 가운데에서도 웃음과 희망을 잃지 않게 해준다.

이 책은 단순히 행복한 삶에 대해 나열한 기존의 수많은 처세서와 성격과 방향이 다르다. 필자는 전혀 다른 각도와 시각으로 행복을 바라보고, 우리 삶에 있어서 행복이란 패러다임이 차지하고 있는 의미와 가치 그리고 필요성과 유익성에 대해 말하고 싶었다. 그래서 《마흔, 행복을 말하다》는 새롭고 신선한 행복 패러다임을 담은 책이라고 자신있게 말할 수 있다.

장애물인 벽을 눕히면 다리가 되어 주는 것처럼, 삶의 목적이었던 행복을 수단으로 생각할 때 행복해야 한다는 부담감에서 벗어나 자유로워지고, 불행이라는 건너기 힘든 강도 건너게 되는 일석이조의 효과도 누릴 수 있다. 이 책은 '행복'이라는 벽을 눕혀서 '실패'와 '불행'이라는 강을 건널 수 있는 '다리'를 만들고, 그것을 건너는 법에 대한 설명서이다.

오랫동안 우리에게 큰 교훈과 지혜를 가져다 준 《손자병법》이 있었다면, 이제는 행복과 성공을 가져다주는 새로운 행복 패러다임서 《마흔, 행복을 말하다》를 읽어야 될 때다. 이 책을 통해 어떠한 시련이나 환경 속에서도 굴하지 않고, 행복함으로 살아갈 수 있는 전략과 방법을 배울 수 있을 것이다. 이제 행복은 수동적으로 받아들이는 것이 아니라, 공략하여 스스로 행복을 누려야 하는 것이 되었다.

이 책을 읽는 독자 여러분 모두가 행복으로 성공을 공략하는 훌륭한 행복병법가로 거듭나, 행복과 성공이라는 두 마리 토끼를 모두 잡은 인생을 살아가게 될 것이라고 의심하지 않는다.

김병완 드림

CONTENTS

프롤로그_ 행복, 이 시대 최고의 경쟁력   4

CHAPTER 1
행복으로 성공을 공략하는 행복병법

01.
행복함으로 싸워야 승리한다

싸워야 할 때를 선택하라   017
적이 스스로 무너지게 하라   036

02.
전쟁을 시작하기 전에

부드러우면서도 강한
자신을 만들어라   055
세상을 자기 편으로 만들어라   062

03.
인생의 승리를 결정하는 것

이 시대 최고의 경쟁력   083
성공의 조건   093

04.
회사의 번영은
이것에 달려있다

지속 성장의 비밀　　103
사소함의 힘　　116

05.
변화에 대처하는
당신의 자세

유연함이 강함을 이긴다　　125
창의력의 재발견　　135

06.
행복 사용설명서

행복은 마음에서 나온다　　149
행복도 연습이 필요하다　　153

CHAPTER 2

사는 곳을 천국으로 만드는 7가지 방법

01.
狡兔三窟(교토삼굴)

현명한 사람은
3가지 행복을 가지고 산다　**166**

02.
礎潤長傘(초윤장산)

슬프면 웃어라　**182**

03.
和光同塵(화광동진)

자신의 행복을 감추고,
타인의 슬픔에 동참한다　**196**

04.
以夷制夷(이이제이)

행복으로
슬픔과 근심을 제압한다　**210**

05.
非危不戰(비위부전)

행복한 상황이 아니면
싸우지 않는다   **222**

06.
走爲上策(주위상책)

행복한 것이 상책이다   **236**

07.
得漁忘筌(득어망전)

행복하다면
더 이상 욕심은 버려라   **248**

Happy Mind

Chapter 1

행복으로 성공을
공략하는
행복병법

01

행복함으로
싸워야 승리한다

싸워야 할 때를 선택하라
적이 스스로 무너지게 하라

싸워야 할 때를 선택하라

인생은 긴 여행과도 같다.
평지도 있고, 경사도 있고, 넓은 길도 있고,
좁은 길도 있다. 누구에게도 예외일 수는 없다.
하지만 그 여행길에서 돌부리에 걸려 넘어지거나, 함정에 빠지면
누군가는 툭툭 털면서 쉽게 일어나지만,
누군가는 한동안 충격에서 벗어나지 못한다.
그 차이는 무엇일까? 인생을 바라보는 시각의 차이 때문이다.

조막손 투수 짐 애보트(Jim Abbott)는 바로 이러한 시각 차이의
위대한 힘을 보여주는 인간 승리의 주인공이다. 그는 오른손을 쓸 수 없는
불구로 태어났다. 다른 조건이 어떻든 장애를 안고 태어났다는 것은 최소한
정상인들보다 불편함을 짊어지고 살아가야 한다는 것을 의미한다.
하지만 그는 운명처럼 부여된 불행을 멈추고, 행복을 꾀하기로 결심했다.
결심한 뒤 꾸준히 노력한 결과,
그는 전무후무한 메이저리그 투수로 성공적인 야구 인생을 누릴 수 있었다.

그가 선택한 삶의 전략은 '불행이 아닌 행복을 선택하는 것'이었다.
행복을 선택하고 도전하여 꿈을 이룬 것이다.

야구장을 향할 때마다 내 팔을 보지 않았습니다.
'내 꿈'을 보았습니다. ―짐 애보트

하루하루 자신의 몫을 해내며
한 걸음씩 앞으로 발을 내디뎠다.
그리고 그는 마침내 기적을 이루었다.
메이저리그 최고의 투수가 되었고, 미국의 국가대표가 되었다.

누구에게나 살면서 슬프고 불행한 일은 일어날 수 있다.
자신의 의지와는 상관없이 불행을 안고 태어날 수도 있다.
하지만 자신의 운명에 맞서 꿋꿋하게 싸워 이겨나가는 사람이 있다.
언제나 '그럼에도 불구하고'를 선택하라.
하늘은 스스로 돕는 자를 돕는다고 하지 않았는가?
자신을 먼저 행복함으로 무장시켜야 한다.
환경과 형편과 상관없이 행복함으로 무장할 수 있는
가장 강력한 방법은 생각과 대응 방식을 바꾸는 것이다.
《행복한 이기주의자》의 저자 웨인 다이어는 '내가 사물을 주시하는 방식을
바꾸면 그 주시를 받는 사물이 변하게 된다'고 말했다.

불행한 일을 당했을 때,
그 이면 속에 감추어져 있는 기회와 또 다른 행복을 주시해 보라.
불행은 또 다른 행복으로 변하게 된다.
불행할 때는 일단 멈추고, 그 불행의 이면 속에 숨어 있는
기회와 행복을 발견하려고 노력해야 한다.
그것은 그 이전의 행복보다 훨씬 더 고차원적이고 큰 행복이기 때문에
그만큼 더 성숙된 사람에게만 발견된다.

한 인간의 현재 모습은
바로 스스로 그렇게 만든 결과다.
─ 장 폴 사르트르 ─

인생은 선택의 연속이다.

이 말을 좀 더 확장해 보면,

현재의 선택이 바로 내일의 모습을 만든다는 의미다.

따라서 선택의 연속인 인생길에서 현명하게 선택한다면,

좀 더 행복하고 성공적인 삶을 살 수 있을 것이다.

하지만 문제는 우리가 현명하게 선택하지 못한다는 것이다.

특히 사람은 행복할 때보다

불행할 때 어리석은 선택을 더 많이 하게 된다.

전 세계 경영 석학들과 노벨 경제학상 수상자들이 극찬을 아끼지 않았던 책 《경제 심리학》을 통해 저자 댄 애리얼리는 다음과 같은 한 가지 흥미로운 실험 결과를 소개한다.

200명 가량의 사람들을 두 집단으로 나누었다. 한 집단은 과거에 자신이 당한 억울한 일을 상기시키는 영화를 보여 주어 분노와 불쾌감을 느끼도록 만들었고, 다른 집단은 친구들과의 즐거운 추억을 상기시킬 수 있는 유쾌한 영화를 보여 주어 행복하다고 느끼도록 만들었다. 또한 전자 집단에는 분노를 더욱 느낄 수 있도록 과거에 자신이 당했던 억울한 일을 적어보라고 했고, 후자 집단에는 친구들과 보냈던 행복한 추억에 대해 적어보라고 했다. 댄 애리얼리는 전자 집단을 '분노 조건 집단', 후자 집단을 '행복 조건 집단'이라고 불렀다. 그 후 이 두 집단에게 실험자가 아주 불공평한 제안을 했다. 100% 돈을 배분하는 데 있어서 다른 사람은 75%, 자신은 25%의 돈을 받는 방법을 택할 것인지, 아니면 두 사람 다 한 푼도 받지 못하는 방법을 택할 것인지 결정하라고 했다. 원래 다른 사람과 공평하게 5:5로 나누어 가지는 것이 원칙이지만, 자신이 손해를 보더라도 7.5:2.5로 나누어 가지자는 상대방의 불공평한 제안에 수용할 것인지, 거부할 것인지를 선택하도록 한 것이다.

이 경우 선택안은 2가지이다. 불공평한 제안을 한 상대방에 대해 보복을 하기 위해 자신이 받을 몫(25%)을 포기하고 상대방까지 제 몫(75%)을 못 받게 하거나, 불공평하긴 하지만 상대에게 보복하지 않고 25%의 돈이라도 받을 것인지이다. 실험의 결과는 매우 흥미로웠다. 분노 조건의 집단 사람들이 행복 조건의 집단 사람들보다 훨씬 더 높은 비율로 자신의 몫인 25%의 돈을 포기하고, 상대에 대한 보복, 즉 상대방이 75%의 돈을 가지지 못하게 했다.

Hope is only the love of life.

이 실험 결과가 우리에게 깨닫게 해주는 점은 매우 크다.
이 실험에서는 선택의 결과가
작은 돈에 불과하기 때문에 자신이 손해를 보면서까지
상대방에게 보복하는 것이 큰 문제가 되지 않지만,
선택의 결과가 돈이 아니라 인생의 중요한 것들이라면?

우리는 상대방에 대한 보복이나 분노의 감정 때문에
너무 많은 것들을 놓치며 살고 있다.
더 중요한 사실은 우리가 행복할 때와 불행할 때
선택이 달라질 수 있다는 점이다.

행복할 때 우리는 보복 대신에 윈-윈(win-win) 전략을 구사한다.
비록 약간의 손해를 보지만, 결과적으로 볼 때 25%의 돈을 챙길 수 있다.
하지만 분노했을 때나 불행할 때 현명한 선택을 하기는 힘들다.
그로 인해 연이어 불행한 일들을 겪게 된다.
인간은 무엇보다 감정에 많은 영향을 받기 때문이다.
장기적인 관점에서 순간의 분노에 휩싸여
어리석은 선택을 하는 사람보다는
자신이 좀 더 행복해질 수 있는 방향으로
현명한 선택을 한 사람이 더 성장하고 더 부자도 될 수 있다.

고전 《손자병법》의 구변편에 이와 비슷한 전략이 소개되어 있다.
여기에서는 잘못된 선택과 행동으로 인해
자신은 물론 군대까지 위태롭게 하는
장수의 5가지 유형에 대해 설명되어 있다.

1. 죽기만을 각오하고 싸우면 반드시 죽을 것이다.

　→ 필사가살야(必死可殺也)

2. 살기만을 생각하고 싸우면 반드시 포로가 될 것이다.

　→ 필생가로야(必生可虜也)

3. 화를 잘 내고, 성질이 급하여 싸움을 재촉하면 수모당할 수 있을 것이다.

　→ 분속가모야(忿速可侮也)

4. 절개와 고귀함만을 고집하면 치욕을 당할 수 있을 것이다.

　→ 염결가욕야(廉潔可辱也)

5. 한 병사에만 애지중지하면, 조직을 어려운 상황에

　처하게 만들 수 있을 것이다.

　→ 애민가번야(愛民可煩也)

이 중 '분속가모야(忿速可侮也)'는
'불행할 때 멈추고 먼저 행복을 꾀하여
마음에 평상심을 회복해야 한다'는 말과 일맥상통한다.

《손자병법》의 제4편 군형편에도 다음과 같이 기록되어 있다.

不可勝者, 守也, 可勝者, 攻也

수비와 기다림이 때에 따라서는 공격보다 더 나은 전략이다.
공격해야 할 때가 있는 반면,
반드시 수비해야 할 때가 있다는 것이다.
따라서 자신의 상황을 제대로 파악하지 않고,
무조건 싸우고 도전하고자 조급함을 가지고 있으면
바로 패망으로 직결될 수밖에 없다.
특히 상황이 불리하거나 불행할 때는
내면에 있는 모든 잠재능력이 꽁꽁 얼어 있기 때문에
절대 능력을 뛰어넘는 성과를 낼 수 없다.
따라서 이때는 먼저 자신의 상황을
개선시키는 데에 주력해야 한다.

세계적으로 가장 많이 읽히는 베스트셀러
《성경》의 전도서 3:1~8에는 다음과 같은 구절이 있다.

범사에 기한이 있고, 천하만사가 다 때가 있나니,
날 때가 있고 죽을 때가 있으며, 심을 때가 있고 심은 것을 뽑을 때가 있으며,
죽일 때가 있고 치료할 때가 있으며, 헐 때가 있고 세울 때가 있으며,
울 때가 있고 웃을 때가 있으며, 슬퍼할 때가 있고 춤출 때가 있으며,
돌을 던져버릴 때가 있고 돌을 거둘 때가 있으며, 안을 때가 있고
안는 일을 멀리 할 때가 있으며, 찾을 때가 있고 잃을 때가 있으며,
지킬 때가 있고 버릴 때가 있으며, 찢을 때가 있고 꿰맬 때가 있으며,
잠잠할 때가 있고 말할 때가 있으며, 사랑할 때가 있고 미워할 때가 있으며,
전쟁할 때가 있고 평화로울 때가 있느니라.

모든 일에는 때가 있음을 말해주는 문장이다.
마찬가지다.
회사에서는 빈둥거리다가
집에 가서 밀린 일을 걱정하면 제대로 쉬지도 못한다.
그렇다고 회사 일을 집까지 가져와서 하는 것이
시간을 잘 활용하는 일은 아니다.
시간을 잘 활용하는 사람은 24시간 내내 일 생각을 하는 사람이 아니라
일할 때 열심히 일하고, 쉴 때 잘 쉬는 사람이다.

Respect a man, he will do the more.

지혜의 보고라고 평가받는 《탈무드》에서는

'인간의 가치는 어떻게 쉬느냐에 달려 있다'라고 말할 정도로

잘 쉬는 것이 얼마나 중요한지 강조하고 있다.

때를 잘 선택하여 나갈 때와 멈출 때를 잘 아는 것이

성공과 승리의 비결임을 수많은 책들이 설명해준다.

하지만 우리는 의외의 사실을 통해서도 이를 알 수 있다.

유태인은 세계 인구의 0.3% 정도밖에 되지 않고

IQ도 평균 정도지만

역대 노벨상 수상자들 중에 30~40%를 차지하고 있고,

미국 명문대 30%의 학생이 유태인인 점과

미국의 부자들 중에 유태인이 차지하는 비율과

그들이 미국 총인구의 2%에 불과하지만

국민 총소득의 15%나 벌어들인다는 점 등을 볼 때,

그들의 성공비결에 대해 궁금해지지 않을 수 없다.

수많은 사람들이 유태인들의 성공비결을 나름대로 연구했다.
혹자는 탁월한 교육 방식 때문이라고 했고,
혹자는 뛰어난 교육과 학습의 결과라고 했다.
물론 어떤 것이 성공비결이라고 딱 잘라 말할 수는 없다.
하지만 필자는 그들의 표면적인 모습뿐만 아니라
그들의 삶 가운데 배어있는 습관에 그 비밀이 숨겨져 있다고 생각한다.
유태인의 놀라운 성공의 비밀은 바로 '샤바트(Sabbath, 안식일)'라는
참된 안식과 휴식의 전통적 관습에 있다.
샤바트는 유태인들이 가족과 함께 식사를 하고, 기도를 하며, 예배를 드리고,
분주한 세상에서 자신을 완전하게 격리시켜 참된 안식을 누리는 날이다.
유태인들의 전통에 따라 금요일 저녁 해가 저무는 무렵부터
이튿날 토요일 저녁까지가 안식일 기간이다.
이날은 업무와 관련된 어떠한 책도, 편지도 읽거나 나눠서는 안 된다.

세상 사람들은 무조건 열심히 일하라고 가르치지만,
유태인들은 일주일에 하루, 즉 안식일에는 완벽하게 재충전하는
전통적인 문화를 고수하고 있다.
이렇게 휴식을 제대로 취하기 때문에
그들은 더욱 효율적이고 생산적으로 일할 수 있는 것이다.
그래서 다양한 분야의 세계 리더들이 많다.

무조건 일만 하거나,

무조건 공부만 하거나,

무조건 싸우고 보는 것은

매우 어리석은 일일뿐만 아니라 실패로 가는 지름길이다.

오히려 적절하게 공부할 때와 쉴 때,

싸울 때와 휴전할 때,

일할 때와 놀 때를 잘 구별하고,

선택하는 것이 더욱 확실한 성공전략이다.

실패하는 사람들의 여러 가지 공통점 중에 빼놓을 수 없는 것이 하나 있다.

바로 '시도 때도 없이 무조건 열심히 한다'는 점이다.

무조건 열심히 한다는 것은 '변함없이 성실하다'는 뜻도 되지만,

여기에는 큰 함정이 숨어 있다.

바꿔 말하면 '시기와 때를 전혀 고려하지 않는다'는 뜻이기도 하고,

혹은 '타이밍을 전혀 생각하지 않는다'는 뜻이기도 하다.

밥을 지을 때도

뜸을 들여야 더 구수한 맛이 나듯

나아가야 할 때와 멈추어야 할 때를 구분하고 준비해야 한다.

적이 스스로 무너지게 하라

21세기 인류의 문화를 선도하는 위대한 혁신 기업들은
무엇으로 고객의 마음을 사로잡았는가?
게임기를 더 잘 만드는 소니를 제치고,
닌텐도는 전 세계인의 마음을 사로잡았다.
기존 게임은 혼자 하는 개념이 강했는데,
닌텐도는 온 가족이 단란하게 게임을 즐기는 문화를 만들었다.
닌텐도를 통해 온 가족이 화합을 꾀할 수 있게 된 것이다.
쉽고 간단한 시스템의 닌텐도는 빠른 속도로
전 세계 시장을 장악해 미국 게임기 시장의 55%를 장악했고,
미국 경제 주간지 《비즈니스위크》에서 세계적인 혁신 기업으로 선정되었다.
후발 주자 애플은 휴대폰 제조기술에서
세계 최고를 자랑하는 노키아와 삼성을 제치고, 스마트폰의 최강자가 되었다.
당시 애플은 삼성과 노키아와 비교해 휴대폰 제작기술과 경험이 부족했다.
스티브 잡스는 발상을 바꾸어
'고객 행복, 고객 기쁨, 고객 체험, 고객 감동'을 위해 노력했다.
그 결과, 새로운 시대를 연 기업으로 선정될 수 있었다.

닌텐도와 애플의 공통점은
기술적으로 경쟁하지 않았다는 것이다.
오랜 시간 꾸준히 게임기와 휴대폰을 만들어왔던
세계적인 선발주자 기업들이 버티고 있었기 때문에
사실 기술력으로는 상대할 수도 없었다.
그래서 닌텐도와 애플은 자신들의 장점인
고객의 행복에 집중하여 승부수를 던졌다.
닌텐도는 게임을 통해
온 가족이 함께하는 행복을 창조하여 고객에게 선사해 주었고,
애플은 스마트폰을 통해 이전에는 누릴 수 없었던 삶의 편리와 놀라움,
재미, 흥미, 신기함을 고객에게 선사함으로써 성공할 수 있었다.
이러한 방법으로 가격 경쟁을 하지 않고도
고객들의 지갑을 열 수 있었다.
이것이 바로 싸우지 않고 적(고객)을 행복하게 하여
승리를 쟁취하는 전략이다.

Hope is only the love of life.

이 전략으로 성공한 기업이 스타벅스이다.
겉으로 보면 우리나라에도 오래전부터 동네마다 있었던 다방과 본질이 같다.
하지만 자세히 들여다보면 판이하게 다르다.
다방과 다른 커피전문점에서는 커피 판매 시 어떻게 하면 조금이라도
더 이익을 취할 수 있을 것인가에만 집중하였다.
하지만 스타벅스는 확실한 차별점을 두었다.
커피 한잔을 팔아도
'고객들이 진정 행복해질 수 있게 하는 방법은 무엇일까?'에 집중했다.
스타벅스에서 판 것은 커피 한 잔이 아니라 여유와 휴식이었다.
동시에 새로운 나만의 공간이었다.
현대인들은 무척 고독하다.
집과 직장만 오가는 이들에게 몸과 마음이 쉴 수 있는
제3의 장소를 제공해 줌으로써
스타벅스는 세계에서 가장 큰 다국적 커피전문점으로 성장할 수 있었다.
기존의 기업들은 마케팅 요소로
4P(PRICE, PRODUCT, PLACE, PROMOTION)를 내걸었다.
하지만 스타벅스는 4P에 집중하면서도 다른 기업들이 전혀 상상도 못했던
또 하나의 P(PEOPLE)에 집중하면서
사람들의 감성, 행복, 만족, 기쁨, 필요에 초점을 맞추었다.
타 기업은 '고객만족'이 목표였지만,
스타벅스의 목표는 고객만족의 수준을 뛰어넘는 '고객행복'이었다.

하워드 슐츠 회장은
'커피보다는 편안한 공간을 판다'라고 말한 적이 있다.
스타벅스는 맛있는 커피와 편안한 제3의 공간을 제공해 줄뿐만 아니라,
고객 자신도 몰랐던 내면에서 잠자는 감성을
깨워주는 자극제 역할까지 해냈다.
스타벅스에서 커피를 한 잔 구입하여,
마셔본 사람은 모두 느낀다.
그 커피 한 잔에 바쁘고 지친 일상에서 탈출하는 것
이상이 담겨 있다는 것을 말이다.
스타벅스는 타 기업과 수익성, 원가절감,
제반 비용 등을 두고 경쟁하지 않고,
오직 '고객행복'을 목표로 20년간
하루 평균 2개의 매장이 문을 열 정도로 번영과 성장을 해왔다.
스타벅스는 싸우지 않고 이기는 전략을 선택한 대표적인 기업이다.

I started concentrating so hard on my vision that I lost sight.

인간은 불행할 때보다 행복할 때,

판단도 잘 내리고 타인에게 친절하다고 한다.

이 심리를 잘 이용하는 사람은 성공할 수 있다.

20세기가 이성과 합리성의 시대였다면,

21세기는 감성의 시대이다.

누구나 자신을 행복하게 해주는 사람을 좋아하고,

자신을 행복하게 해주는 사람을 돕고 싶어 한다.

마찬가지로 고객은 자신을 만족시켜 주는 기업을 위해 기꺼이 지갑을 연다.

먼저 만족시켜 주면 고객은 사소한 것에 전전긍긍하지 않고 구매한다.

무엇을 상대방에게 주든

그것과 동일한 종류의 것이 반드시 돌아오게 되어 있다.

이것이 이 세상의 법칙이기 때문이다.

내가 먼저 상대를 배려하면 나 또한 배려받는다.
내가 먼저 사랑을 주면 나 또한 사랑받는다.
마찬가지로 상대를 비판하면 반드시 그것이 그대로 되돌아온다.
인간관계 속에 숨어 있는 비밀이다.

다른 사람을 비난하지 마라. 비난이란 집비둘기와 같다.
집비둘기는 반드시 집으로 돌아온다. ―데일 카네기

인간관계의 중요한 원리를 가장 먼저 발견하여
대중에게 알려 준 사람은 《카네기 인간관계론》의 저자
데일 카네기(Dale Carnegie)이다.
세계적으로 3,000만 부 이상 팔린 이 책은
발간된 지 오랜 시간이 지났지만
지금도 우리에게 주옥같은 가르침을 전해준다.

여러분은
2년 동안 사귀었던 친구보다
더 많은 친구를
2개월 만에
사귈 수 있습니다.
어떻게 하냐고요?
다른 사람이 여러분에게
관심을 갖기 전에
여러분이 다른 사람에게
먼저 관심을 보이면 됩니다.

―데일 카네기―

정말 그렇다.

상대에게 먼저 관심을 보이면
상대도 나에게 관심을 보이게 된다.
존중받는 가장 좋은 방법은 먼저 타인을 존중하는 것이다.

하버드 대학교의 사라 로렌스 라이트풋 교수의 저서 《존중(respect)》에
이를 잘 입증해 주는 이야기가 있다.
"내가 아버지의 비밀을 깨달은 건 한참 뒤의 일이다.
아버지께서 모든 사람들로부터 존중을 받으시는 이유에 대해서 말이다.
아버지는 언제나 상대를 존중하셨다.
아버지는 스프링 밸리에서 구두닦이를 하는 어린 학생과 대화를 나눌 때도
마치 교회 목사님이나 대학 총장에게 이야기를 듣는 것과
똑같은 태도로 말하고 경청하셨다.
아버지께서는 상대가 무엇을 이야기하고 싶어 하는지 진지하게 생각하셨다."

먼저 존중하고,

관심을 보이고,

인사를 건네고,

미소를 지어 보이는 것은

먼저 상대방을 행복하게 해주는 방법이다.

이 방법은 상대의 마음을 완전히 무장 해제시킬 수 있다.

상대방을 행복하게 해줄 수 있는 가장 쉬운 방법은 '말'이다.

말은 위력이 큰 만큼 항상 신중해야 한다.

말 한마디가 긍정적이든 부정적이든 인생을 송두리째 변화시키기도 한다.

어떤 학자의 연구에 따르면 한 사람이 평생 500만 마디의 말을 한다고 한다.

그중에 상대를 행복하게 해주는 말이 얼마나 될까?

좋은 말도 분명 한계가 있을 것이다.

그렇다면 무슨 말이 사람을 변화시킬 만큼 큰 위력을 발휘하는 것일까?

그것은 바로 '호칭'이다.

'호칭'의 위력에 대해 우리는 너무 쉽게 간과해버리는 경향이 있다.

하지만 '호칭'은 상상 이상으로 위력이 크다.

One must desire something to be alive.

전미 트럭 서비스 회사 PIE 컨테이너는 매년 배송 관련 실수로 25만 달러를
손해 보았다. 경영진들은 그 이유가 무엇인지 밝혀내기 위해 전문가
에드워드 데밍 박사를 고용하였다. 데밍 박사는 집중적인 연구를 통해
이 실수들이 기계나 운송수단, 시스템, 경영원칙에 기인한 것이 아니라
바로 사람의 문제라는 것을 밝혀냈다. 문제의 가장 큰 원인은 컨테이너 작업
인부 자신들에게 있었다. 컨테이너 작업 인부들은 프로답지 못한
마인드를 가지고 있었고 책임의식과 자신감 역시 없었다.
총체적인 문제로 인해 컨테이너 박스를 제대로 식별해 내지 않아
운송 관련 실수가 끊임없이 발생했던 것이다.

회사는 무엇보다 컨테이너 인부들을 변화시켜야 했다.
의외로 데밍 박사는 직원들을 변화시키기 위해
재교육이나 연봉 인상이라는 방법을 택하지 않았다.
대신 호칭 하나만 바꿨다.
컨테이너 인부들에게 '일꾼'이나 '트럭 운전사' 대신
'마스터(Master)' 즉 '장인(匠人)'이라는 호칭을 서로 사용하게 했다.
처음에는 다들 어리둥절했다. 과연 호칭 하나로 사람이 바뀔 수 있을까?
정신없이 바쁘게 일해야 하는 직장에서 말이다.
하지만 이러한 작은 변화는 나비효과처럼 거대한 변화를 가져 왔다.
한 달도 되지 않아, 배송 관련 실수가 기적처럼 10%로 줄어들어
회사는 연간 25만 달러에 달하는 비용을 절감할 수 있게 되었다.

실질적으로 사회적 지위가 격상된 것은 아니었지만 호칭 하나로 그들의 행복지수를 높여준 것이다. 작은 행복과 심적 만족을 얻게 된 인부들은 근본적으로 변하기 시작했다. 부주의하고 무책임하고 자신감이 부족했던 자아를 스스로 버리고, 책임감 있고 자신감이 넘치는 새로운 자아를 선택한 것이다.

이미 많이 알려진 '칭찬'의 위력 또한
이 책에서 다시 언급할 필요가 없을 정도로 많이 알려져 있다.
그것은 아마도 《칭찬은 고래도 춤추게 한다》라는 베스트셀러 덕분일 것이다.
칭찬이 사람을 변화시키는 가장 큰 이유는
칭찬받는 사람이 행복해지기 때문이다.

그런데 최근 한 연구 결과에 따르면 어떤 칭찬은 효과가 있고,
어떤 칭찬은 역효과가 난다고 한다. 전자와 후자의 차이는 무엇일까?
전자는 칭찬받는 사람의 자세와 모습,
공부하고 일하는 과정 등을 칭찬하는 것이고,
후자는 칭찬받는 사람이 1등을 했거나 좋은 결과를 만들었을 때
그 결과를 칭찬하는 것이다.
과정에 대해 칭찬받은 사람은 혹여 결과가 좋지 않더라도
성실한 자세로 포기하지 않고 다시 도전할 수 있지만,
결과에 대해 칭찬받은 사람은 결과가 좋지 못하면
더 이상 칭찬을 받지 못할 수도 있다는 부담감을 이기지 못하게 된다.
때문에 결과에만 집중하게 되어 목적을 위해서라면
수단과 방법을 가리지 않는 부작용도 발생할 수 있다.
결과적으로 목표만 이루면 다 좋은 것이라는 편향된 사고를 갖게 하고,
나아가서는 비리와 편법이 성행하는 문화가 만들어진다.

무엇보다 가장 큰 차이점은
칭찬받는 사람의 입장에서 전자는 행복감을 느끼게 해주지만,
후자는 좋은 결과를 만들어야 칭찬을 들을 수 있다는 부담감을 주어
지금 현재 오롯이 행복감을 느낄 수 없게 만든다는 데에 있다.
즉 전자는 행복을 느끼게 해주는 칭찬이고,
후자는 행복을 느끼지 못하게 하는 칭찬이다.
즐기면서 행복하게 열심히 일하는 것과
결과에 집착하여 죽어라 일하는 것은 분명 다른 것이다.

해서 후회했던 일과
하지 않아서 후회되는 일

나아가야 할 때와
멈추어야 할 때

나만의
기준 세우기

02

전쟁을 시작하기 전에

부드러우면서도 강한 자신을 만들어라
세상을 자기 편으로 만들어라

부 드 러 우 면 서 도   강 한   자 신 을   만 들 어 라

인생이란 전쟁터에서 승리하기 위해서는 먼저 행복해야 한다.
세상에 내던져지기 전에 행복한 자신을 만들어야 한다는 의미다.
그 이유는 무엇일까?
자신이 행복한 상태일 때
삶을 창조할 수 있기 때문이다.
가령 불행한 상태라고 해보자.
어떤 일을 하고,
어떤 사람을 만나고,
어떤 공부를 한다 해도 의욕이 없을 것이다.
반대로 행복한 사람은 누구를 만나 어떤 일을 해도, 열정과 의욕이 넘친다.
눈빛과 자세가 다르다. 그래서 그 사람의 10년 후를 미리 내다볼 수 있다.
물론 실패와 시련과 역경은 어김없이 찾아온다.
하지만 불행한 사람보다는 훨씬 더 잘 극복하고 이겨낼 수 있다.
이것이 자신을 행복한 사람으로 만들어야 하는 이유이다.

미래를 바라보았다.
너무 눈부셔서 눈을 뜰 수 없었다.
- 오프라 윈프리 -

먼저 자신을 행복하게 만들어 성공을 거둔 사람이 있다.
바로 '오프라 윈프리' 이다. 그녀는 어린 시절 큰 고난을 겪었다.
그녀는 사생아로 태어났다.
가정형편이 어려워 양부모님 집을 번갈아 오가며
오랫동안 사촌에게 성폭행을 당했다.
14살에 미혼모가 되었고, 갓난아기는 2주 후에 세상을 떠났다.
그녀의 인생에 '행복' 이라는 단어는 절대 어울리지 않는 것처럼 보였다.
불행 중 다행으로 그녀는 학업성취도가 뛰어나,
상류층 학교에 다닐 수 있게 되었다.
그러나 성공을 보장해줄 것 같았던 학교생활은 쉽지 않았다.
자신과 비교도 할 수 없을 만큼 좋은
환경의 친구들과 자신이 끊임없이 비교되기 시작한 것이다.
불우한 자신의 환경이
그 어느 때보다 적나라하게 드러나 더욱 비참하게 느껴졌다.

아무리 좋은 기회도, 자신이 불행하다면

결국 그것은 더 큰 불행의 씨앗이 될 수밖에 없다.

그녀의 인생에 생명을 불어넣어준 것은 바로 '행복'이었다.

시간이 갈수록 점점 더 위축되어 가는 오프라 윈프리의 모습을 보며

지난날의 잘못을 반성하게 된 그녀의 아버지는

딸에게 많은 사랑과 관심을 쏟게 된다.

아버지와의 유대관계가 정상적으로 형성이 되고,

가정 분위기가 안정적으로 바뀌자 그녀는 마음의 평화를 얻게 되었다.

행복하게 산다는 것은 마음의 평온함이다. －시세로

그녀의 마음에 서서히 평온함이 찾아왔다.

스스로 행복하다고 느끼자

'나는 무엇을 잘할 수 있을까?'를 생각했고, 목표를 세웠다.

절망 속에 빠져 있을 때에는 보이지 않았던

행복과 성공의 길이 눈에 보이기 시작했다.

가정환경의 변화로 인해 점차 자신감을 얻게 된 그녀는

공부도 더욱 열심히 하고 학교행사에도 적극적으로 참여하게 되었다.

삶을 대하는 그녀의 태도와 자세가 180도 변했다.

그 과정에서 그녀는

미처 몰랐던 자신의 놀라운 능력과 소질을 발견하게 되었다.

그렇다고 승승장구만 한 건 아니었다.
졸업 후, 수많은 고난과 역경이 그녀를 기다리고 있었다.
첫 직장에서 그녀는
방송과 어울리지 않는 얼굴과 피부색을 가졌다는 이유로 쫓겨났다.
그럼에도 불구하고
좌절하지 않고 끊임없이 앞으로 나아갈 수 있었던 이유는
행복했기 때문이었다.
결코 쉽지 않은 길이였지만 꿈을 향해 달려가는 자신이 자랑스러웠다.

미국에서 가장 존경받는 여성이자, 가장 개런티가 높은 방송인이
될 수 있도록 해준 힘이 바로 '행복'이었다는 사실을 아는 사람은 많지 않다.
그녀가 마음의 평안을 찾고 행복하지 않았다면
세상의 무게를 지탱해 줄 힘은 어디에도 없었을 것이다.
최악의 환경 속에서도 행복을 무기로 삼아,
웃으면서 세상과 멋진 한 판 승부를 준비했었던 것이다.
그녀가 만약 먼저 웃지 않고,
먼저 행복해지지 않았다면
수많은 기회와 도전은 사라져 버리고 말았을 것이다.

나에게 유머가 없었다면,
오늘의 나도 없었을 것이다.
기억하라.
한 번 웃을 때마다
성공의 확률이
조금씩 높아진다는 것을.
- 오프라 윈프리 -

이 말은 이제 진리가 되었다.

대부분 성공해야 행복해질 수 있다고 믿는다.

행복해지기 위해서는 돈이 필요하고, 명예가 필요하고,

권력이 필요하다고 생각한다.

과연 부와 명예가 생기면 행복해질 수 있을까?

명예를 지키기 위해 더 치열해지고,

많은 부를 쌓았어도 더 많은 부를 쌓고 싶어 하는 것이

사람의 욕망이다.

세 상 을 자 기 편 으 로 만 들 어 라

행복한 사람만큼 부드러운 사람은 없다.

행복한 사람만큼 강한 사람은 없다.

반대로 불행한 사람만큼 약하고, 거친 사람은 없다.

우리는 종종 자신이 불쌍하다고 여기는 사람이

대인관계에 어려움을 겪는 경우를 본다.

자신의 아픔과 상처가 온전히 치유되지 못한 상태이기 때문이다.

자신이 불행하면 타인에게 관심을 가질 여력이 없다.

불안한 심리상태는 행동으로 표출되므로 친절할 수가 없다.

또한 주위의 작은 시련이나 말 한 마디에도 쉽게 상처받고, 좌절하게 된다.

하지만 행복한 사람은

땅 밑으로 깊고 넓게 뿌리를 내린 나무와 같아서

시련과 역경이 닥쳐도 끄떡하지 않을 만큼 강하다.

뿐만 아니라 자신이 행복하기 때문에

타인에게 관심을 가질 여력이 있고,

타인의 아픔과 상처를 감싸줄 수 있는 마음의 여유가 생긴다.

그리고 그것은 부드러움으로 표출된다.

Hope is only the love of life.

부드러우면서도 강한 자신을 만드는 일은
인생이란 전쟁터에서 싸우기 전에 반드시 해야 할 일이다.
행복은 마음에서 시작된다.
목표가 있고, 꿈이 있는 사람에게는
시련과 실패가 성공으로 가는 토대일 뿐이다.
절망 속에서는 그 어떤 것도 보이지 않는다.
꿈은커녕 내가 지금 당장 무엇을 해야 할지도 판단이 서지 않는다.

오프라 윈프리가 마음의 안정을 찾고 행복하다고 느끼기 전에는
마약을 하고, 무분별한 생활을 즐겼으며, 소녀 감호원까지 출입했다.
불행의 무게를 견디지 못해 자포자기해 버린 것이다.
다행히 아버지와의 관계와 가정이 안정적으로 바뀌어 가면서
새로운 길을 향해 용기 있게 발걸음을 내디딜 수 있었다.
그녀는 당시 '언젠가 사람들에게 내가 무엇인가를 해낼 수 있다는 것을
보여 주고 말겠다'고 결심했다고 한다. 바로 이것이 행복이다.
자신이 무엇인가를 할 수 있다는 자아에 대한 신뢰감을 회복하고
희망과 긍정으로 살기 시작한 것이다.
행복을 맛보았기에, 더 큰 행복의 길로 나아갈 수 있었던 것이다.
그녀가 느낀 안정감은 세상이라는 치열한
전쟁터에서 겪는 수많은 전투를 승리로 이끈 강력한 무기가 되었다.

행복해져야 하는 이유는 행복이 인생의 목표가 아니라,
성공적인 인생의 도구이기 때문이다.
행복은 인생 최대의 목표가 아니다.
행복은 인생을 성공적으로 살기 위한 삶의 한 가지 양식이어야 한다.
이러한 사실을 제대로 인식하지 못한 채,
그저 행복한 삶을 목표로 하는 것은 위험하다.
그토록 추구하던 행복이 사라졌을 때, 좌절하게 되기 때문이다.
그래서 닳은 사람들에게 희망을 전파하던 '행복전도사' 최윤희 씨도
행복의 조건들이 사라졌을 때 좌절하게 된 것이다.
결국 그녀는 '자살' 이라는 극단적인 방법을 선택하게 되었다.
이것이 바로 행복을 인생 최대의 목표로 삼는
과거의 '행복 패러다임'에 우리가 길들여져 있다는 증거다.

행복은 결코 삶의 궁극적인 목표여서는 안 된다.
행복은 삶의 방법이요, 수단이요, 도구여야 한다.
행복은 그 자체로 하나의 독립변수여야 한다.
행복해져야 성공적인 인생을 살아갈 수 있고,
만들어갈 수 있는 것이다.
'행복' 이라는 벽을 눕히면
성공으로 건너갈 수 있는 다리가 만들어진다는 사실을 기억하자.

한 걸음 한 걸음
천천히 걸어가기만 하면
목적지에 도달할 수 있다고
생각해서는 안 된다.
한 걸음 한 걸음 자체가
가치를 지녀야 한다.
하나의 큰 성과는
가치 있는 작은 일들이 모여
이루어지는 것이다.
실속 있는 성과를 얻으려면
한 걸음 한 걸음이
활기차고 충실해야 한다.

—단테—

하루하루가 행복해야 할 이유는 분명하다.
하루하루가 행복하지 않고, 인생의 끝자락에서 행복을 느낀다면
그것이 과연 행복한 삶이라고 말할 수 있을까?
아무리 인생의 황혼기에 행복하다고 해도,
그때 누릴 수 있는 행복은 매우 제한적일 수밖에 없다.
오늘 누릴 수 있는 행복은 절대 내일 똑같이 다시 누릴 수 없다.
'동일한 강물에 두 번 발을 담글 수 없다'고 말한 고대 철학자의 말처럼
오늘이라는 시간 속에서 누릴 수 있는 행복은 유한성을 갖고 있다.
결국 하루하루 행복하게 사는 것이 최고의 인생살이 비법이다.

이 세상을 자기편으로 만들어라.

행복하면 행복에너지를 발산하게 된다.

눈빛과 자세에서 행복에너지가 발산되면,

모든 사물은 물론이고, 사람들까지 모여 인기가 높아진다.

그 결과, 자연스레 좋은 기회들이 많이 주어진다.

뿐만 아니라 주위의 모든 상황이 자신에게 유리하게 돌아가기 때문에

오늘 웃은 사람은 내일도 웃게 된다.

행복이 행복한 환경을 만드는 것이다.

그래서 불평만 하는 사람에겐 언제나 불평거리만 생기게 되고,

반대로 평소 모든 것에 감사해하는 사람은

언제나 감사할 거리가 생기게 된다.

즉 세상은 자신의 상태에 따라 다르게 반응한다.

행복할 때, 이 세상의 모든 것이 내 편이 된다.
실력과 능력이 비슷한 경우,
행복한 사람과 그렇지 못한 사람 중 누가 더 경기에서 많이 우승할까?
이 물음에 대해 좋은 대답이 되어 준 일화가 있다.
박세리 선수와 소렌스탐 선수의 경우가 바로 그 예이다.
한국 선수 최초로 '명예의 전당'에 입성한 박세리 선수는
명실상부한 한국 최고의 골프 선수이며 세계적인 선수이다.
하지만 박세리 선수는 '명예의 전당'에 입성한 이후
슬럼프에 빠져 과거만큼 성적을 내지 못했던 적이 있었다.
이와 대조적으로 소렌스탐 선수는 갈수록 우승 횟수가 늘어나고 있다.
그 이유는 무엇이었을까?
두 명의 선수 모두 우승하고도 남을 만큼의 실력을 갖추고 있는
세계적인 선수들임을 우리는 잘 알고 있다.
특히 박세리 선수는 여전히 대한민국 최고의 선수이다.

이 두 선수의 경기 결과에 크게 영향을 준 것은 다른 아닌 행복이었다.

'현재의 삶을 만족하며 행복하게 사는가?'에 대한

상반된 답변이 이토록 다른 결과를 가져온 것이다.

박세리 선수는 '명예의 전당'에 입성한 후에도 훈련을 거듭했다고 한다.

항상 '지금보다 더 좋은 날이 오겠지'라고 생각하면서

미래의 행복과 기쁨을 위해 현재를 희생했다.

즉 골프하는 것 자체를 과거처럼 즐기지 못했던 것이다.

과거 선수 시절에는 골프를 통해 그 누구보다 행복할 수 있었다.

하지만 '명예의 전당'에 입성한 이후부터는

이 자리를 지켜야 한다는 부담감을 느끼게 되었다.

뿐만 아니라 더 큰 목표가 생겨 훈련에만 더욱더 몰두하게 되었다.

이것은 현재가 행복하고 만족스러운 삶이 아니라,

미래의 행복을 위해 희생하며 인내하는 삶이다.

그 결과는 어떨까? 박세리 선수는 진정한 행복을 느낄 수 없었고,

그 영향은 자신의 골프 경기 결과로 오롯이 나타났다.

실력이나 체력이 급격하게 떨어진 것도 아닌데

경기에서 실수를 연발했고, 의욕과 열정이 사라진 듯한 모습을 자주 보였다.

이와 대조적으로 박세리 선수에게 밀려서 우승하지 못했던
애니카 소렌스탐은 오히려 가족들과의 행복한 시간을 더 늘리고,
경기 참가 수를 줄이면서 결과에 집착하지 않았다.
골프를 하는 것 자체를 즐기며
자기 자신이 더 행복해질 수 있는 삶을 과감하게 선택했다.
그녀에게는 대회 우승보다 가족들과의 행복한 시간이 더 중요했던 것이다.
결과는 어땠을까? 아이러니하게도 열심히 연습을 했던 박세리 선수보다
애니카 소렌스탐의 우승 횟수가 과거보다 훨씬 더 늘어나게 되었다.

내가 행복할 때, 이 세상은 내 편이 된다.
울고 있는 사람보다는 웃고 있는 사람에게
더 많은 복이 오고, 기회가 오고, 사람이 몰린다.

이러한 아이러니한 현상을 잘 설명해 주는 책이 있다.
《직진보다 빠른 우회 전략의 힘》의 저자 존 케이 교수는
성공에 집착하여 직접적으로 그것을 추구하는 것보다
우회적으로 즉 간접적으로 그것을 추구하는 전략이 더 성공 확률이 높다고 한다.
앞서 언급한 박세리 선수와 소렌스탐의 경우를 잘 설명해 주는 것으로
스포츠 세계에서는 지나치게 노력하다가
오히려 실패하는 현상이 흔하다고 말한다.
《골프, 완벽한 게임은 없다(Golf is not a game of perfect)》의 작가
밥 로텔라(Bob Rotella)는 승리에 집착하거나 의식하지 않고
골프를 즐기는 스윙이야말로 진정한 스윙이라고 설명한다.

위의 책들은 왜 박세리 선수가 그토록 노력했음에도 불구하고,
상대적으로 연습을 적게 한 소렌스탐 선수에게
왜 경기에서 졌는지를 충분히 설명하면서
동시에 '내가 행복할 때 이 세상이 내 편이 된다'는 말을 뒷받침해 주고 있다.

The most potent muse of all is our own inner child.

이와 비슷한 경우의 일화가 있다.

한 사냥꾼이 산에서 사냥을 하다가 어두워져서 급하게 산을 내려오다가
엄청나게 큰 호랑이를 발견하고, 활을 힘껏 당겨 쐈다.
발사된 화살은 정통으로 호랑이의 배에 꽂혔다.
기쁨에 겨워 사냥꾼은 호랑이 쪽으로 다가갔다가 깜짝 놀라고 말았다.
화살이 꽂힌 것은 호랑이가 아니라 큰 바위덩어리였다.
'어떻게 화살이 바위에 박힐 수 있지?'
사냥꾼은 놀랍고 신기하여,
다시 그 자리에 돌아가 방금 전과 똑같은 힘을 주고,
화살을 수십 번도 더 쏘아봤지만
화살은 바위에 박히지 않았다.

자연스러움의 힘이 얼마나 위대한가?
정말 호랑이라고 생각했을 때 사냥꾼은 매우 흥분했을 것이다.
사냥꾼으로서 호랑이를 사냥하는 것이 최고의 기쁨이기 때문이다.
이러한 행복감은 자신도 몰랐던 잠재력을 깨웠고,
그 결과 바위에 화살이 박힐 정도로 큰 힘을 발휘시켰다.
하지만 바위라는 사실을 알고부터
사냥꾼은 바위에 화살을 쏜다는 것을 의식하지 않을 수 없게 되었다.
의식하게 되면 실력을 100% 발휘하지 못할 뿐만 아니라,
잠재력도 발휘하지 못하게 되는 것이다.

미국의 성공학 대가인 브라이언 트레이시(Brain Tracy)는
우리에게 '거꾸로 된 편집증 환자'가 되라고 주문한다.
정상적인 편집증 환자는 온 세계가 자신에게 적대적이라고 생각하지만,
거꾸로 된 편집증 환자는 온 세계가 자신을 위해 존재하고,
모든 것이 자신을 위해 만들어져 있다고 생각한다는 것이다.
그래서 성공하려면
우리는 '거꾸로 된 편집증 환자'가 될 필요가 있다는 것이다.
이 세상을 자기편이라 여기는 것은 남다른 시각과 자세이다.
성공하기 위해서는 능력과 재능도 중요하지만,
행운과 기회 등도 필요하다.
이러한 행운과 기회는 보통 사람들보다
'거꾸로 된 편집증 환자' 들에게 많이 찾아온다.

그런데 '거꾸로 된 편집증 환자'보다 더 많이
이 세상을 자기편으로 만드는 사람들이 있다.
오롯이 자신의 삶에서 행복을 누리며 살아가는 사람들이다.
이들은 세상에 대한 남다른 시각과 자세를 가지고 살 뿐만 아니라,
이를 통해 자신의 삶과 생각 자체를 온전히 변화시킨 사람들이다.
이들이 성공적인 인생을 살아갈 가능성이 높다는 것은 두말할 필요가 없다.
이 세상을 자기편으로 만드는 방법은 의외로 간단하다.

웃으면 이 세상은 함께 웃고, 같은 편이 되어 준다.
하지만 슬픔에 빠지면 이 세상은 함께 슬퍼해 주지 않고 오히려 떠나버린다.
이 세상을 내 편으로 만드는 유일한 방법은 먼저 웃으며 행복해지는 것이다.

나를 행복하게 하는 단어

나를 행복하게 하는 추억

나를 행복하게 하는 사람

03

인생의 승리를
결정하는것

이 시대 최고의 경쟁력

성공의 조건

이 시 대 최 고 의 경 쟁 력

과거에 '유머'를 성공의 법칙이라고 말하는 사람은 매우 드물었다.
하지만 지금은 '성공 키워드' 중 하나로 유머를 꼽는다.
이러한 사실을 확증시킨 연구 결과가
《하버드 비즈니스 리뷰》에서 발표된 적이 있다.

유머를 잘 구사할수록 더 많은 연봉을 받는다.

유머를 적재적소에 구사하는 임원일수록 성과가 높고
인간관계가 좋으며
매사에 더 창조적이라는 것이다.

2005년 영국 BBC가 선정한 '지구촌을 이끌 베스트 11'에
넬슨 만델라, 빌 클린턴에 이어 9위로 선정된
버진 그룹 회장 리처드 브랜슨은 저서 《내가 상상하면 현실이 된다》에서
자신의 인생과 성공을 이끈 것은 유머와 즐거움이라고 밝혔다.

오직 돈을 벌기 위해서만 일한다면, 장기적인 성공과 행복,
만족감 등을 결코 얻을 수 없을 것이다. 그래서 오늘도 나는 말한다.
절대 돈만 벌려고 애쓰지 마라. ―리처드 브랜슨

그는 단순히 돈을 벌기 위해 사업한 적이 없다.
단지 즐겁게 일하면 돈은 자연스레 굴러들어온다는 사실을 알게 된 것이다.
그는 일을 즐기라고 말한다.
리처드 브랜슨은 선천성 난독증이 있어 공부를 잘하지 못했다.
낙제생으로 찍힌 그는 결국 16세에 학업을 포기하게 된다.
하지만 그는 좌절하지 않고
'즐겁게 살고, 즐겁게 일하며, 즐겁게 도전하자'를 좌우명으로 삼는다.
비행기 한 대로 시작한 버진항공을 운영하게 된 그는
이익보다는 고객의 행복과 감동을 항상 먼저 생각했다.
비행시간 내내 영화는 물론이고,
게임, 목욕, 미용 등을 할 수 있는 최상의 서비스를 제공했다.
그 결과 버진항공은 영국의 제2항공사로 급부상하게 되었고,
큰 성공을 거두게 되었다.

성공을 맛본 그는

유머와 즐거움을 바탕으로 한 경영에 집중했다.

그는 위엄보다 행복이 직원들의 더 큰 충성을 이끌어낸다는 점을 알고 있었다.

그래서 그는 자주 전 직원과 함께

호텔에서 야영을 즐기는 등 천국 같은 직장을 만들기 위해 노력했다.

또한 사람들에게 즐거움과 재미를 선사하기 위해

'우주로의 여행'을 추진하고 있다.

이미 세계 최고의 상업용 민간 우주 관광선

'스페이스십 2'를 만들어 공개했고

조금만 더 있으면 누구나 20만 달러를 내고

우주여행을 할 수 있는 날이 올 것이라고 발표했다.

이것 또한 '자신과 타인의 즐거움'을

최고의 가치로 여기는 그의 철학에서 나온 사업이다.

그는 학력이 높지도 않고 난독증으로 많은 책을 읽을 수도 없었다.
하지만 그는 현재 전 세계 30개국 이상에서
300여 개의 회사를 운영하고 있다.
그의 에너지와 열정, 그리고 창의성과 기업 경영 능력은
과연 어디서 나오는 것일까?
바로 그 누구도 말리지 못하는 그의 충만한 행복감에서 비롯된 것이다.
쥐에게 재미와 즐거움을 빼앗아 버리고 놀지 못하게 하면
쥐가 죽는다는 연구 결과가 있다.
마찬가지로 인간에게 유머와 즐거움, 행복을 빼앗아 버리면
에너지와 창의성이 말살된다.
따라서 불행한 사람의 머리에서 창의력과 놀라운 상상력이 나올 수 없다.

The greatest risk is the risk of riskless living.

즐겁게 일하면서 살다보면
어느덧 성공이라는 자리에 서 있는 자신을 발견하게 될 것이다.
그리고 부자의 반열에 올라가 있게 될 것이다.
그렇다고 아무 계획도 없이, 꿈도 없이 마냥 행복하게 살라는 것이 아니다.
목표를 세우고 계획을 세우되
돈을 목표로, 행복을 목표로 하지 말고
자신을 행복하게 만들어 줄 수 있는 일을 발견하고 찾아서 하라는 것이다.

나에게 있어 재미란 시작부터 모든 것을 풀어나가는 열쇠다.
지금도 앞으로도 영원히 바뀌지 않을 것이다. ─리처드 브랜슨

그에게 시련과 역경을 헤쳐나가는 무기는
바로 유머와 즐거움이다.
이 2가지는 무엇보다 자신을 지루하게 만들지 않는다.
그는 중도에 불시착해 죽을 고비도 여러 번 넘겼지만,
열기구를 타고 세계를 횡단하는 꿈까지 이루었다.
그야말로 인생을 100배 즐기면서 사는 사람이다.
헐리우드 유명배우 조지 클루니가 이렇게 말했다고 한다.
"리처드 브랜슨의 삶이라면 내 삶과 바꿀 의향이 있습니다."

수많은 자기계발서에서는 성공하려면 재능을 바탕으로 열정과 연습이
필요하다고 말한다. 이러한 주장은 사람들로 하여금 어제보다 더 노력하고
더 열심히 연습하여, 실력과 재능을 향상시키는 데만 초점이 맞춰져있다.
이러한 현상은 성공이라는 결과에만 집중하게 만들어,
멀고 먼 성공을 향해 나아가는 오랜 시간들을 인내하고,
희생하며 오직 미래의 성공과 행복을 위해 현재를 인내하게 만든다.
하지만 성공은 절대 재능이나 실력으로 이루어지는 것이 아니다.

우리나라 부모들이 자녀들에게 가혹하리만큼
공부시키는 이유는 성공을 위해서다.
과연 아이들은 공부한 만큼 행복해졌을까?
공부한 만큼 성공했을까?
성공이 절대적으로 재능과 실력에 따라 결정된다면
공부한 만큼 성공해야 맞을 것이다.
하지만 현실은 아이러니하게도 그렇지 않다.
또한 수많은 연구 조사 결과,
사회에서 성공하는 사람은 학창시절 공부를 잘한 사람이 아니라
유머러스하고, 삶의 자세와 인간관계가 좋은 사람들이라는 결과가 나왔다.

It's choice – not chance – that determines your destiny.

미국의 제16대 대통령 링컨의 유명한 일화가 있다.

상원의원 시절 링컨은 정적 더글러스와 논쟁이 벌어졌다.

더글러스가 말했다.

"링컨은 가게에서 술을 판매했습니다. 이런 범법자가 상원의원이라니요!"

링컨이 말했다.

"술을 판매한 것은 사실입니다.

당시 더글러스는 술을 가장 많이 사는 단골이었지요.

저는 지금 그 가게를 팔았는데 더글러스는 아직도 단골입니다."

더글러스가 화가 나 말했다.

"당신은 두 얼굴을 가진 이중인격자입니다."

링컨이 맞받아쳤다.

"제가 두 얼굴을 가졌다고요?

그러면 오늘 이 중요한 자리에 왜 이렇게 못생긴 얼굴을 들고 나왔을까요?"

링컨의 유머에 자리에 있던 모든 사람들은 웃음을 터뜨렸다.

유머는 세상을 자기편으로 만드는 도구이자

자신을 가장 강하면서도 유연하게 만드는 수단이다.

유머는 우리 모두를 보다 행복한 삶으로 이끈다.

성 공 의   조 건

과거에는 몰랐던 큰 진리를 하나 발견한 것에 대해
현대 심리학자들과 의학자들은 경외심을 표하고 있다.

인간은 생각에 따라서 뇌의 생화학적인 반응을 변화시킬 수 있다.

그래서 긍정적인 생각을 많이 하는 사람들은 부정적인 사람들보다
더 오래 살고, 더 행복하게 살며, 더 성공적인 삶을 살 확률이 높다는 것이다.
환자 스스로 '나는 나아질 것이다' 라고 생각하면
우리의 뇌는 생화학적인 반응을 이끌어
약 투여나 수술보다 더 빠르고 확실한 효과를 얻을 수 있다.
이는 인생의 성공과 실패에도 예외 없이 적용되는 진리이다.

당신은 자신의 일을 즐기고 있는 사람인가?

그렇다면 매우 훌륭하다.

일을 통해 참된 행복을 발견하고, 누리는 경지에 도달했는가?

만약 그렇다면 당신은 반드시 그 분야의 대가가 될 것이다.

긍정의 힘을 믿을 때 몰입의 단계를 넘어

자아가 완전히 온 우주와 하나가 되는 일체감을 느낀다.

이 일체감을 느끼는 경지에 오르면

우주의 곳곳에 흩어져 있는 에너지와 하나가 되기 때문에

자신의 능력을 뛰어넘는 에너지가 안에서 뿜어져 나오게 된다.

지대가 낮은 곳으로 물이 흐르듯이,

긍정적으로 생각하면 세상의 모든 에너지가 모여들어

활력과 에너지가 넘치게 된다.

그래서 긍정적인 사람은

눈빛에서 생기가 발산되고, 몸에서 에너지가 뿜어져 나와

옆 사람을 그냥 내버려두지 않는다.

곧바로 긍정을 전염시키게 되는 것이다.

그만큼 긍정의 힘은 강하다.

이러한 에너지와 활력이 자신이 하는 일에 흘러들어 가게 될 때

걸작이 탄생하게 되는 것이다.

아무도 자신의 한계를 정확히 알 수 없다.

누구도 능력을 100% 다 발휘해서 살았노라고

말할 수 없기 때문이다.

시도해 보기 전에는 알 수 없다.

설사 한두 번 시도하여 실패했다고 해도

난 못해라고 단정 짓는 것도 어리석은 행동이다.

인류 역사상 위대한 위인들도 10~20년간

한 우물을 파왔음에도 불구하고,

그 분야에서 가망이 없다는 비난과 혹평을 받았었다.

단지 우리에게 알려져 있지 않을 뿐이다.

"이런 글 실력으로는 도저히 작가가 될 수 없습니다."
사람들에게 가혹한 평가를 받은 한 무명작가가 있었다.
하지만 그는 세상이 아무리 작가로서 소질이 없다고 말해도
부정적으로 받아들이지 않았다.
글을 수정하고 또 수정하고, 한계에 도전하고 또 도전하여
결국에는 노벨 문학상을 받았다.
이 사람이 바로 《노인과 바다》의 작가 헤밍웨이이다.
그는 이 작품을 구상하는 데 15년을 투자했고, 무려 200번이나 고쳐 썼다.
만약 그가 14년 째 되던 해에 작품을 그만두었다면 《노인과 바다》와 같은
걸작은 이 세상에 존재하지 않았을 것이다.

러시아의 대문호 도스토예프스키 역시 20년 넘게 글을 썼지만,
40대 중반까지 평론가들로부터
'너저분하게 쌓인 잡동사니 같은 글만 쓴다'
'쓰레기 같은 작품만 쓴다' 는 비난을 받았다.
제대로 된 평가를 받지 못했지만 그는 자신의 한계를 알기 위해
끝까지 노력을 게을리하지 않았다.
그 결과 인류 문학사에 길이 남을
《카라마조프가의 형제들》과 《죄와 벌》을 탄생시킬 수 있었다.

한 분야에서 20년 동안 일해본 적이 있는가?
오랫동안 한 길을 묵묵히 걸어왔지만
주위 사람들로부터 인정받지 못하고 있는가?
그래도 묵묵히 지금껏 그래왔던 것처럼 자신의 길을 가라.
도스토예프스키처럼 말이다.
심한 비난을 퍼붓는가?
그래도 묵묵히 자신의 길을 가라.
더욱더 포기하지 말고 가라.
자신이 미칠 수 있는 일에 올인한
그들이 포기하지 않고, 자신의 길을 갈 수 있도록 해준 원동력은
긍정의 힘이었다.
"나는 할 수 있다!"
"나는 잘될 것이다!"

내가 생각하는
최고의 인생

나는 지금 무엇에
도전하고 있는가?

04

회사의 번영은
이것에 달려있다

지속 성장의 비밀

사소함의 힘

지 속 　 성 장 의 　 비 밀

경영의 신(神) 마쓰시타 그룹의 창업자
마쓰시타 고노스케의 경영전략은 무엇이었을까?
위기를 기회로 만들고, 비전을 널리 알리고, 방침을 명확히 하고
투명경영을 실천했던 것보다 더 근본적인 경영전략이 있었다.
그는 모두가 참여하는 경영방법을 선택했다.
그의 격려와 언행은 직원들에게 긍지를 심어주고, 감동을 주었다.

그는 회사가 큰 위기에 빠질 때마다
직원들의 애사심과 의지로 극복할 수 있었다.
경영의 신도 1920년대 말 전 세계에 불어 닥친 공황에는
흔들릴 수밖에 없었다.
아무리 좋은 제품을 만들어도 판매로 이어지지 않고 재고만 쌓여갔다.
이때 대부분의 회사에서는 직원을 감축하는 방법을 택했다.
ㅁ·쓰시타 고노스케에게도 이런 유혹이 없었던 것은 아니었다.
ㅎ·지만 그는 과감하게 먼저 직원들의 행복을 최우선시하였다.
그는 단 한 명의 직원도 해고하지 않았고,
직원들에게 반일 근무를 실시하게 하면서도 월급을 줄이지 않았다.
이러한 조치는 회사 입장에서 볼 때 엄청난 손해였다.

몇 달 후, 회사에 엄청난 일이 벌어졌다.

불과 두 달 만에 재고가 모두 팔린 것이다.

곧 회사 시스템은 정상화될 수 있었다.

최대 위기의 순간까지도 회사의 이익보다

직원들의 입장에 서서 생각해준 그의 배려는

직원들의 마음을 움직이기에 충분했다.

직원들은 자발적으로 반일 근무 후에 집으로 가지 않았고,

회사 재고를 판매하기 위해 도시 전역을 누볐다.

일은 2~3배 힘들어졌지만 그들의 얼굴에는 항상 기쁨이 가득했다.

구매자들도 그들의 열정과 성의에 매료되어

물건을 사지 않을 수 없었다고 한다.

이처럼 위기를 기회로 만들 수 있는 힘은

회사의 기술력, 자본금이 아니라 바로 직원들의 행복인 것이다.

힘든 시기일수록 이것은 더욱더 빛을 발하게 된다는 점을

우리는 간과해서는 안 된다.

Total absence of humor renders life impossible.

최근 전 세계적으로 행복에 대한 시각이 달라지고 있다.

단순히 기분 좋은 상태나 느낌으로만 치부되어 왔던 행복이

그 이상의 가치 있는 것임을 서서히 인식하기 시작했다는 증거다.

'직원의 만족은 기업의 생존과 번영에 가장 큰 영향을 끼친다'는 사실을 알고

직원들을 행복하게 하고자 노력한 한국 기업이 있다.

바로 에버랜드이다.

에버랜드는 파격적으로 1인용 숙소를 제공한다.

기업들이 1차적으로 직원들에게 제공하는 복지는 씨가 된다.

회사의 배려와 복지 혜택을 많이 받은 직원들은

그 사랑과 행복을 고스란히 에버랜드를 찾은 손님들에게 전해 주고,

이것은 다시 오롯이 에버랜드의 수익으로 이어진다.

에버랜드에는 전해져 오는 감동적인 이야기가 있다.
필자가 신입사원일 때, 에버랜드의 인사과 과장님으로부터 들었다.

추운 겨울날, 눈썰매장에서 벌어진 실제 이야기이다.
한 고객이 그곳에 설치된 간이 화장실을 이용하다가
그만 변기에 반지를 떨어뜨렸다.
고객은 즉시 직원을 불렀다.
보통 직원이라면 이렇게 말했을 것이다.
"손님! 너무나 죄송한 말씀이지만, 저희로서도 어쩔 수 없습니다.
이것은 100% 손님의 실수입니다.
저희 회사는 손님에게 배상을 해드릴 법적 책임이 없습니다."
하지만 그 직원은 달랐다.
당시 들은 말로는 화장실을 통째로 들어 올렸다고 한다.
결국 반지를 찾아 고객에게 전달해 주었다.

회사가 앞으로 수년 내에 망할 것인지, 번영할 것인지는
직원들이 회사에 다니는 것 자체를
행복으로 여기는지 불행으로 여기는지를 알아보면 된다.
회사의 번영은 전적으로 직원들의 행복에 달려 있기 때문이다.

에버랜드와 서울랜드, 롯데월드를 좀 더 자세히 비교해 보자.

서울랜드와 롯데월드는 서울에 있기 때문에

에버랜드보다 훨씬 좋은 조건을 갖추고 있다.

하지만 세계 10대 테마파크로 평가받고 있는 것은 에버랜드이다.

과연 어떻게 에버랜드는 교통 불편이라는 핸디캡을 극복할 수 있었을까?

에버랜드만의 경영 철학이 있었기 때문이다.

'직원이 감동해야 고객을 감동시킨다.'

에버랜드의 서비스에는 '직원 만족이 곧 고객만족'이라는 뜻이 숨겨져 있다.

이 경영 철학이야말로 다른 경쟁사들이 도저히 따라올 수 없는 경쟁력이다.

Hope sees the invisible, feels the intangible, and achieves the impossible.

회사 생활을 해본 사람이라면 공감할 것이다.

근무 시간 외에는 정말 일하기 싫다.

손해 보는 느낌이 들기 때문이다.

그래서 어떤 이들은 맡은 일 외에는

절대 손가락 하나 까딱하지 않으려고 한다.

직원도 문제이지만

이 직원이 속한 회사도 직원을 전혀 배려해주지 않음이 분명하다.

어떤 회사는 직원을 착취 대상으로 본다.

이런 회사는 결코 세계 최고의 기업이 될 수 없다.

또한 지속 성장이 불가능하다.

또 다른 대표적인 회사는 미국의 '사우스웨스트 항공사'이다.
이 회사 역시 미국 대부분의 항공사들이 적자를 기록하던 시기에
유일하게 흑자를 기록했다.
이 회사는 '펀(FUN) 경영'으로 유명하다.
즐거움과 직원들의 행복을 추구한다.
이 회사에서 한 번이라도 일해 본 사람은
회사에 대한 충성도가 매우 높다.
이 회사의 직원들은 입을 모아 말한다.
"일은 다른 항공사보다 많지만,
동료들과 이곳에서 함께 일하는 것이 즐겁다."
이 항공사는 매출도 신바람 나게 향상시킨다.
다음은 기내방송 내용이다.

"오늘도 저희 항공사를
 애용해 주셔서 감사합니다.
 저희는 여러분을 사랑합니다.
 그리고 고객 여러분의 돈도
 사랑합니다."

세계 곳곳에서 '신바람 나는 행복한 일터 만들기'를 위해
노력하는 회사들이 많아지고 있다.
이것이 진정한 '펀 경영'이다.

직원들은 1차원적인 혜택이나 즐거움이 아닌
존중을 받았을 때 행복을 느낀다.
누군가로부터 인정받을 때 행복함을 느끼는 것은 인간의 본성이다.
또 그 행복은 결코 감출 수도 없는 것이다.
연구 결과, 실제로 직원의 우수성을 효과적으로 인정하는 기업들이
그렇지 않은 기업들보다 3배 이상 많은 수익을 거두는 것으로 밝혀졌다.
회사를 번영시키고자 한다면 먼저 직원들을 행복하게 해주어야 한다.
이것이 바로 '행복 경영'이다.

사 소 함 의   힘

회사의 번영과 성공을 결정짓는 것은
거창한 비전 제시나 목표가 아니라 아주 사소한 것들이다.
'사소함'이 최고의 성공요인이 될 수 있음을
주장하고 있는 경영 구루(guru)가 있다.
바로 《더 리틀 빅 씽(The little big things)》의 저자 톰 피터스다.
그는 작은 것이 큰 차이를 만들기 때문에
진정한 성공 요인은 사소함이라고 말한다.
그가 중요시하는 것은
화장실의 청결, 직원들의 친절, 정중함, 품위, 사려 깊음, 상냥함,
소프트파워, 태도, 3분 통화 등과 같은 것들이다.
이러한 사소한 것들이 거대한 기업을 더욱 크게 성장시킬 수도 있고
일순간에 몰락시킬 수도 있는 위력을 가지고 있기 때문에
'사소함이 성공과 실패를 결정짓는다' 는 것이다.

구글은 창립 이래 한 번도 《포춘》 100대 기업의 순위에 오르지 못했지만,
경영철학을 바꾸면서 단번에 1등에 오르게 되었다.
구글은 직원들에게 최고의 회사가 되었고,
구직자들로부터 취업 희망 1순위 회사로 자리를 굳혔다.
구글은 직원은 물론 방문객까지 음식을 무료로 제공한다.
또한 세탁, 마사지, 치과치료까지 모든 것이 무료다.
500% 보너스와 같이 거창한 것이 아닌
기본적인 욕구 만족에서 직원들은 행복을 느끼는 것이다.

Success is never final.

'행복한 직원이 똑똑한 직원보다 더 필요하고, 더 낫다.'
똑똑한 직원은 자기 일만 잘해내지만,
행복한 직원은 자기 일뿐만 아니라
주위 동료들과 고객들에게까지 좋은 영향을 주어
함께 일을 잘해낼 수 있도록 돕는다.
사소함의 힘은 조직에만 해당되는 것이 아니다.
과거에는 기업들이 사소하게 여겼던
직원들의 행복이 이제는 가장 중요한 기업의 경쟁력이 되었다.

미켈란젤로가 시스티나 천장 벽화를 그릴 때의 일이다.

그는 사다리 위에 올라가

천장 구석까지 인물 하나하나를 꼼꼼하게 그리고 있었다.

옆에서 지켜보던 친구가 물었다.

"가려져서 잘 보이지도 않는데 왜 그곳까지 그리려고 고생하는가?

누가 알아봐 주기나 하겠나?"

미켈란젤로가 대답했다.

"내가 알지."

아마추어와 프로의 차이

프로와 대가의 차이는

작은 것, 그 1%의 차이다.

회사에서 가장
큰 보람을 느꼈던 일은?

05

변화에 대처하는
당신의 자세

유연함이 강함을 이긴다

창의력의 재발견

유 연 함 이 강 함 을 이 긴 다

영국의 역사학자 에릭 홉스봄(Eric Hobsbawm)은
20세기를 '극단의 시대'라고 불렀다.
20세기만큼 파국과 번영이 함께 공존해 있는 시대는
유례가 없었기 때문이다.
기존의 체제와 가치, 제도 등이 무너지면서도
새로운 가치와 제도 등이 그만큼 큰 성공을 했기 때문에
풍요와 빈곤, 성공과 실패가 공존했다.
혼란 속의 번영의 시대였다고 말할 수 있다.
이제 혼란을 통과하여 새로운 시대를 살아가고 있다.
우리가 살아가는 이 시대를 누구는 '드림 소사이어티'라 부르고,
또 누구는 '감성의 시대'라고 부른다.
이 새로운 시대에 가장 경쟁력이 있는 사람은 누구일까?
바로 변화에 가장 잘 대처하는 사람이다.

Laughter is the tonic, the relief, the surcease for pain.

《죽음의 수용소》의 작가 빅터 프랭클은
혼란과 공포의 시대를 직접 체험했다.
이 책은 나치 강제수용소에서 겪은 생사의 엇갈림 속에서도
삶의 의미를 잃지 않고 인간 존엄성의 승리를 보여준
프랭클의 자전적 체험수기이다.
그는 자신의 저서를 통해
'상황과 환경이 아무리 비참하게 변하더라도
자신의 존재에 대한 의미와 가치를 발견해 낼 수 있을 만큼
유연하게 대처하는 것'이 생존전략이었다고 밝혔다.

죽음의 수용소에 끌려가기 전의
삶의 방식을 고집하고, 그리워했다면 그는 삶의 의욕을 잃었을 것이다.
하지만 그는 아무리 비참한 환경 속에서도
인생의 의미를 찾을 수 있음을 발견함으로써
자신을 절망 속에 빠지도록 내버려 두지 않았다.
그리고 문제를 어떤 자세로 대체할 것인가를 스스로 선택했다.

당신이 가진 최고의,
그리고 최후의 자유는 바로 선택할 수 있는 자유이다. －빅터 프랭클

그는 인간은 어떤 상황에도 적응할 수 있는 존재이며,
이 적응력은 바로 의미를 찾고자 하는 의지에서 비롯된다고 말한다.
또한 죽음의 수용소라고 불리는 그곳에서조차
예술과 유머가 존재함을 발견해 냄으로써
최후의 생존자가 될 수 있었다.

유연성이 뛰어나면
어떠한 어려움 속에서도 희망을 잃지 않을 수 있을 뿐만 아니라
그만큼 더 성공할 확률이 높다.

《평범했던 그 친구는 어떻게 성공했을까?》의 저자 토마스 A. 슈웨이크는
성공한 사람 100인과의 인터뷰 조사 결과를 토대로
그들이 가진 생각과 태도를 정리하였다.
토마스는 성공한 사람들의 96% 이상이 필수요소로 융통성을 꼽았고,
확실하고 구체적인 목표를 세웠다는 사람은 5%에 불과했다고 말했다.
즉 뚜렷한 목표는 오히려 성공의 장애물로 작용할 수도 있으며
유연성이 더 큰 성공의 요인이라고 이 책은 설파하고 있다.

확고한 목표가 성공의 장애물이 될 수 있는 이유는 4가지로 요약된다.
첫째, 목표 달성만을 위해 달려가면 현재를 즐기고 집중할 수 없게 된다.
둘째, 성공하기 위해서는 주위 사람들에게 호감을 얻어야 하는데,
융통성 없는 목표는 주위 사람들로부터 반감을 사기 쉽다.
셋째, 변화무쌍한 인생길에서 때로는 진로를 잘 바꾼 사람이 성공한 경우가 많다.
넷째, 한 계획에 지나치게 집착하면 인생의 나머지 부분에서 부작용이 일어난다.
인간다운 삶은 일과 여가, 직장과 가정이 균형을 이루어야 한다.

'확고한 목표 설정이 성공 요인이 아니다' 라는
사실이 밝혀진 또 하나의 사례가 있다.
자기계발 전문가들과 자기계발서에서 자주 인용해온
예일 대학 졸업생들의 목표 달성 여부 추적조사가
실제 행해졌다는 증거가 없다고 밝혀졌다.
이 조사는 1953년 예일 대학 졸업생들을 대상으로
구체적인 인생의 목표를 세우게 한 뒤,
종이에 적어 놓은 졸업생 3%와 그렇지 않은 졸업생 97%의 인생을 추적하여
20년 후에 어떤 그룹이 더 많은 부를 축적하고 성공했는지 알아보는 것이었다.
그 결과 구체적인 목표를 세웠던 3%의 졸업생들이
그렇지 않았던 97%의 졸업생들보다 더 많은 부를 축적하고,
성공한 것으로 나타났다고 발표했다.
하지만 이 연구는 조작된 이야기에 불과하다는 사실이 밝혀졌다.

세상은 끊임없이 변할 뿐만 아니라,

예측 불가능할 정도로 급변하고 있다.

하나의 크고 일괄된 목표는 필요하지만

흐름을 읽지 못하는 확고한 목표만 고집하는 것은

비행기나 여객선 안에서 현재 위치를 고집하는 것과 다름이 없다.

시대가 바뀐다는 사실은 누구나 다 알고 있지만,

성공 전략도 끊임없이 업그레이드되어야 한다는 것을

간파하고, 실천하는 사람은 많지 않다.

과거에는 한 우물을 파는 사람이 성공한다고 했다.

하지만 이제는 한 우물을 파는 사람보다

여러 곳의 우물을 동시에 팔 줄 아는 사람이 성공할 확률이 높다.

경직된 사고에서 벗어나 자신의 항로를 모색하면서도

유연하게 휘어질 수 있어야 한다.

세계적 컨설팅 회사 맥킨지(Mckinsey)가
세계 일류 기업의 문화적 특성을 분석하여 발표했다.
요약하면 '개방적이고 유연하고 정직하고 겸허하다'는 것이다.
맥킨지가 조사한 결과는 바로 우리가 살아가고 있는 이곳이
얼마나 변화무쌍한 사회인지 반증하는 예이다.
즉 개인뿐만 아니라,
변화에 잘 대처하는 기업이 생존하고 번영할 수 있으며
세계 일류 기업으로 도약할 수 있음을 시사하고 있다.

창 의 력 의   재 발 견

전략 경영가이자 《꿀벌과 게릴라》의 저자 게리 해멀(Gary Hamel)은
'무조건 열심히 일하는 꿀벌이 되어서는 승리할 수 없는 시대가 왔다'고 말했다.
또 승자가 되기 위해서는
정해진 룰을 바꾸고 심지어 새로운 룰을 창조하는
게릴라 같은 사람이 되어야 한다고 설파했다.
성공한 사람을 그대로 따라 하는 벤치마킹으로는
이제는 도저히 승리할 수 없기 때문이다.
창조적인 사람이 성공하는 시대다.

과거에는

무조건 발로 뛰면서 열심히 살면

잘 먹고 잘살 수 있었다.

하지만 지금은 열심히 일해도

가난에서 벗어날 수 없는 세상이다.

그렇다면 이 시대가 요구하는 혁신가는 어떤 사람인가?

바로 열심히 일하는 자(Work hard)가 아니라

스마트하게 일하는 자(Work smart)가

이 시대가 요구하는 진정한 혁신가이다.

무조건 열심히 일하는 사람이 창의적이지 못한 이유는 단순하다.
일에 치여 행복을 느끼지 못한다면
자연히 창의적인 사람이 될 수 없다.

워킹 푸어(working poor).
일하는 빈곤층이라는 뜻으로
열심히 일을 해도 저축을 하기 빠듯할 정도로
형편이 나아지지 않는 계층을 말한다.
비정규직 근로자가 늘어나고 연이은 경기침체와 물가상승으로
자신을 '워킹푸어'라고 생각하는 사람들이 증가하고 있다.
물론 사회 구조적인 문제도 있다.
하지만 이 악순환을 끊을 수 있는 것은 자신밖에 없다.

One word frees us of all the weight and pain of life: That word is love.

워킹 푸어들은 열심히 일하지만,
정작 자신을 위해 일하지 않는다는 공통점이 있다.
월급이라는 노동의 대가로 보상받는다고 생각하지만,
일을 할수록 행복해지지는 않는다. 문제는 미래를 준비하고,
창조하고, 자신을 업그레이드할 수 있는 여유를 갖지 못한다는 것이다.
누군가는 이렇게 말할 것이다.
여유를 찾을 시간이 없노라고.
여유를 찾을 돈이 없노라고.
하지만 세상에 스스로 시간과 돈이 남아돈다고
생각하는 사람은 한 명도 없다.
그렇다면 세상의 모든 사람들이 워킹 푸어인가?

성공한 사람들의 이야기를 책이나 매스컴을 통해 들어보면
그들은 자신의 일에 미쳐있다.
여기서 '미쳐있다' 는 뜻은 긍정적인 의미다.
일에 미쳐있는 사람과 워킹 푸어는 근본적으로 다르다.
일에 미친 사람은 그 누구보다 일을 즐긴다.
목표를 달성하는 과정 자체에서 행복과 보람을 느낀다.
행복과 보람은 창조력으로 이어지고
이는 선순환되어 마침내 큰 성공으로 이끈다.

'창의적인 사람이 매우 강한 자'라는 사실을
18세기에 이미 간파했던 사람이 있다.
바로 경제학의 아버지라고 불리는 애덤 스미스(Adam Smith)이다.
그는 고전경제학의 창시자로 평가받고 있는 인물이다.
최초의 근대적인 경제학 저서로 평가받고 있는
《국부론》에서 다음과 같은 언급을 한 바 있다.

한 나라의 진정한 부의 원천은 그 나라 국민들의 창의적 상상력에 있다.

보통 한 나라의 부는 근면 성실한 국민성, 기술력과 노력
또는 좋은 자원과 환경 등에서 온다고 생각한다.
그 당시에 창의력과 상상력이 부의 원천이 된다는 사실을
이해하고, 발견했다는 것은 매우 놀라운 사실이 아닐 수 없다.

현대에 와서는 미국의 미래학자 앨빈 토플러가
《부의 미래》에서 다음과 같이 밝히고 있다.

기술적 발전이 한계에 직면할 미래사회에서
새로운 가치는 상상력에 의해 창출될 것이다.

이 이론을 실제 적용하여 큰 부와 성공을 이룬 도시가 있다.
바로 '두바이(Dubai)'이다.
불과 20년 전만 해도 사막에 불과했던 도시가
전 세계인들이 가장 벤치마킹하고 싶어 하는 곳
가장 가고 싶어 하는 곳으로 부상했다.
40도가 넘는 폭염이 이어지는 사막 한가운데서 스키를 즐길 수 있는 도시
세계 최고의 IT 중심지로 급부상한 도시
세계 최고의 금융 중심지가 된 도시
세계 최대의 쇼핑몰이 있는 도시
수중호텔과 놀이공원이 있는 도시
달에서도 보인다는 뉴욕 맨해튼의 7배나 되는 인공섬이 있는 도시
세계에서 가장 높은 인공 구조물이 있는 도시

이 모든 곳이 바로 '한계는 오직 상상력뿐이다'라는
캐치프레이즈를 내걸고 있는 두바이이다.
무엇이 기적과 같은 성장을 가능하게 한 것일까?
이 모든 것을 기획하고 만든 셰이크 모하메드는 말한다.

인간에게는 2가지 선택이 놓여있을 뿐이다.
남의 뒤를 따라갈 것인가 아니면 창의적으로 주도할 것인가?
우리는 기꺼이 선각자의 길을 가고자 한다.
번영은 기술과 돈이 가져오는 게 아니라,
오직 사람만이 가져온다. -셰이크 모하메드

바로 인간의 상상력만이 번영을 가져온다는 의미일 것이다.

Though the sun is gone, I have a light.

뇌가 지치면 창의적인 생각이 나오지 않는다.

책상에 정자세로 앉아서 공부할 때보다

가장 편한 자세로 있을 때 뇌는 더욱 활발해진다고 한다.

일할 때와 쉴 때와

창의적인 발상을 해야 할 때를 구별해야 한다.

세상에서 가장 바쁜 경영자이지만

1년에 두 번은 자신의 별장에 은둔하는 사람이 있다.

창의적인 발상을 하기 위해 관련 자료만 읽으면서

분주한 일상과 업무에서 해방된 시간을 만끽한다.

이를 '생각주간(Think Week)'이라고 이름 붙였는데

이 사람이 바로 장기간 세계 최고의 부자로 선정되었던

마이크로소프트사 CEO 빌 게이츠이다.

평소 시간에 쫓겨 읽지 못했던 서적을 읽고

아이디어 관련 보고서를 검토하면서

그 누구의 방문도 금지시킨다.

그의 창의적인 아이디어는 세상과의 단절을 통한

여유와 은둔의 시간에서 오는 것이다.

높이 나는 새는 멀리 본다.
하지만 낮게 날면 자세히 볼 수 있다.
빨리 가면 시간은 단축할 수 있다.
하지만 적절한 휴식은 남들이 미처 생각지도 못한 것을 보게 한다.

나의 필살기와
　　　비장의 무기

06

행복 사용설명서

행복은 마음에서 나온다
행복도 연습이 필요하다

행 복 은   마 음 에 서   나 온 다

행복은 자신의 바깥에 있는 것이 아니라, 마음속에 있다. —쇼펜하우어

행복은 도대체 어떤 사람들이 발견하는 것일까?
행복한 사람들은 어떤 삶을 살까?
우리는 종종 행복에 관련된 여러 가지 질문들을 던져본다.
하지만 정확한 해답을 찾기는 어렵다.
우리가 그토록 찾고자 했던 행복은
성공이나 재산의 종속변수가 아니다.
부자로 살고 있지만 불행한 사람들과
가난하지만 행복한 사람들이 우리 사회에는 다양하게 존재한다.
물론 가장 좋은 것은 부자로 살면서 행복한 사람들일 것이다.
하지만 행복은 무엇보다 마음에서 나온다는 점을 명심해야 한다.
행복은 물과 같은 성질이 있다.
그래서 낮은 마음을 가진 사람에게 흘러들어 간다.
욕심과 허영심으로 가득 차 높은 마음을 가진 사람들은
절대 행복을 누릴 수 없다.

돈을 모을수록 더 욕심이 많아지는 이유는
한 번 그 맛을 보았기 때문에 헤어나오기 어려운 것이다.
마음이란 것은 매우 간사하기 때문에
있다가 없으면 그 허전함이 더 크게 느껴진다.
부는 집착과 미련의 대상이 된다.
집착과 미련의 대상이 있다는 것은
그것의 노예가 된다는 의미이다.
러시아의 작가 톨스토이는 다음과 같이 말했다.

큰 부(富)가 삶을 쉽게 만든다는 믿음은,
짐을 지고 걷는 일이 더 쉽다는 생각과도 같다. －톨스토이

짐을 지고 걷는 일이 쉬울까? 짐을 버리고 걷는 일이 쉬울까?

당연히 짐을 버리고 걷는 것이 더 쉽다.

현대인들이 더 풍요로워졌음에도 불구하고

더 팍팍한 삶을 사는 이유가 바로 이 때문이다.

무엇보다 마음을 잘 지켜야 한다.

마음을 잘 다스리는 방법 중의 하나가 바로 멈춤을 아는 것이다.

'큰 지혜는 멈춤을 알고, 작은 지혜는 계략만 안다' 라고 했다.

성공했다고 전부 행복한 것은 아니지만,

행복한 사람들은 대부분 성공적인 삶을 살아간다.

외부의 세계는 뜻대로 바꿀 수 없다.

하지만 내부 세계는 전적으로 자신에게 달려 있다.

따라서 행복이 마음에서 시작된다고 하는 사실은 매우 희망적이다.

차별이 없기 때문이다.

누구나 가능하기 때문이다.

또한 선택 가능하기 때문이다.

《폰더 씨의 위대한 하루》의 저자 앤디 앤드루스는

이 책을 통해 우리들에게 매우 큰 지혜를 선사한다.

내가 만들지 않은 인생은 없다.

다만 행복한 이는 행복하기를, 불행한 이는 불행하기를 선택했을 뿐이다.

당신은 오늘 아침 눈을 뜨고 어떤 결정을 내렸는가?

행 복 도 연 습 이 필 요 하 다

연습할수록 느는 것, 행복은 삶의 습관이다. —리즈 호가드

심리학자들은 행복에 관하여 다양한 연구 결과를 분석하고 종합한 결과 행복한 사람에게는 행복해지는 습관이 있다는 사실을 발견했다.

1. 남들과 비교하지 않기
2. 후회하지 않기
3. 실패를 재평가하여 좋은 쪽으로 생각하기
4. 자족하기
......

이는 물론 성격과 관련되어 있는 것일 수도 있지만 연습을 통해 충분히 개선 가능한 것이기도 하다는 것이 심리학자들의 주장이다.

You have to have confidence in your ability, and then be tough enough to follow through.

또한 행복은 악기 연주처럼 배울 수 있는
'기술'이라고 주장하는 심리학자들이 상당히 많아졌다.
사람마다 행복해지기 위해 저마다의 방법으로 연습하면
행복해질 수 있다고 말한다.
부산에서 서울로 가는 방법은 여러 가지가 있다.
비행기, 기차, 버스, 자가용 등등.
비행기가 가장 빠른 방법이긴 하지만
고소공포증이나 비행기 공포증이 있는 사람에게는 최악의 방법일 것이다.
또한 길치, 방향치인 사람에게
자가용으로 가라고 하는 것은 가지 말라고 하는 것과 같다.
멀미가 심한 사람에게는 비행기가 적합할 것이다.
이처럼 행복의 비결은 여러 가지 조건을 만족시켜 줄 수 있어야 하며,
사람마다 그 기준도 모두 다르다.
하지만 분명한 사실은 부산에서 서울로 가기 위해서는
그 방법이 무엇이든 출발하고, 길을 나서야 한다는 사실이다.

마찬가지로 우리가 행복하기 위해서는
반드시 행복해지기 위한 방법을 선택하고, 연습을 해야 한다.
행복한 삶도 하나의 기술이며, 하나의 습관이기 때문이다.
행복연습을 많이 하여 자신에게 숙달되도록 만든다면
어떤 상황에서도 크게 실망하지 않고, 여전히 행복할 수 있을 것이다.

행복연습이란

행복 그 자체에 몰두하고, 집착하는 것이 아니다.
존 스튜어트 밀은 자서전에서 다음과 같이 밝히고 있다.

행복이 모든 처세술의 지향점이요, 인생의 목표라는 확신은
지금도 여전히 갖고 있다.
하지만 이제 그 목표를 직접적으로 공략해서는 성공할 수 없다는 생각이 든다.
자신의 행복이 아닌 다른 목표를 추구한 사람만이 실제로 행복을 얻을 수 있다.
타인의 행복, 인류의 발전, 심지어 기술과 일까지도 수단이 아니라,
그 자체를 이상적인 목표로 삼을 때, 행복을 얻을 수 있다.
다른 무엇인가를 바라보고 가는 중에 행복을 얻게 된다.

행복을 직접적으로 추구하려 하면 붙잡을 수 없다.
하지만 무엇인가를 즐기면서 살면
어느새 자신도 모르게 행복한 자신을 발견하게 될 것이다.
자전거 타기를 즐기는 것과 자전거에 집착하는 것이 다른 것처럼 말이다.
그래서 진짜 행복한 사람은
행복이 무엇인지 정확히 정의하지 않고 의식하지 않는다.
다만 행복을 스스로 창조하고, 발견하고, 느끼는 것이다.

피나는 노력과 뛰어난 재능으로 성공했다고 하더라도
꾸준히 행복을 연습해 오지 않았던 사람들은
결국 자신이 감당할 수 없는 성공의 무게 때문에
스스로 파멸의 길을 가게 된다.
행복은 행복 그 자체를 얻는다고 느낄 수 있는 것이 아니다.
행복을 향해 도전하고 노력하는 과정에서 얻어지는 것이기 때문이다.

여정이 곧 보상이다.
-스티브 잡스-

그런 점에서 행복은 과정이다.
그리고 여정이다.
그러므로 행복하게 사는 것은
하루하루를 알차게 보내며,
과정을 누리고, 감사하는 것과 다름없다.
행복은 늘 우리 옆에 있기에……

러시아의 대문호 톨스토이는 인생의 지혜에 대해 다음과 같이 조언했다.

이 세상에서 가장 중요한 때는 지금이다.
이 세상에서 가장 중요한 사람은 지금 당신과 함께 있는 사람이다.
이 세상에서 가장 중요한 일은
지금 당신 곁에 있는 사람을 위해 좋은 일을 하는 것이다.

이것을 현대적으로 바꾸어 보자.

이 세상에서 가장 중요한 때는 지금이다.
이 세상에서 가장 중요한 사람은 바로 당신이다.
이 세상에서 가장 중요한 일은 지금 당신에게 주어진 삶을
오롯이 누리며 행복하게 살아가는 것이다.

이 글이 어떻게 보면 매우 이기적으로 보일 수 있다.
하지만 이것은 이기적인 것이 아니라, 자연스러운 것이다.
삶에 만족하고 거기에서 온전히 기쁨을 누리게 되면
행복과 사랑을 나누어줄 수 있게 된다.
행복한 사람 중에 악인이나 범죄자는 없다.
반면 분노와 집착으로 가득 찬 사람들은 범죄를 저지를 가능성이 높다.
행복연습을 하는 이유는 자신을 위해서지만
동시에 타인을 위한 일이기도 하다.

행복을 좇지 마라.
행복으로 가는 길은 없다.
그 길 자체가 행복이다.

―――――――――

마음을 편히 먹자.
어차피 될 일은 된다!
나의 걱정거리들

Happy Mind

Chapter 2

사는 곳을
천국으로 만드는
7가지 방법

01

狡兎三窟
교토삼굴

현명한 사람은 3가지 행복을 가지고 산다

현 명 한 사 람 은
3 가 지 행 복 을 가 지 고 산 다

현명한 사람은 3가지 행복을 가지고 살아간다.
감사와 웃음 그리고 희망이다.

배가 고플 때는 노래를 부르고, 상처를 입었을 때는 웃어라. −유태인 속담

유태인들은 오랜 고난과 박해를 받으면서도
다양한 분야에서 성공을 거두었다.
고통을 승화시키는 방법을 알았던 것이다.

현명한 사람이 가지고 있는 3가지 행복 중
먼저 '감사'에 대해 알아보자.
데보라 노빌의 《감사의 힘》에는
감사의 놀라운 위력에 대해 소개되어 있다.

심리학자인 로버트 에먼스 교수와 매컬로프 교수는
감사하는 태도가 사람에게 육체적, 정신적으로
어떤 영향을 끼치는지 알아보는 실험을 했다.
세 그룹으로 나누어 일주일간 다음과 같이 시행하도록 했다.
첫 번째 그룹- 나쁜 일과 행동에만 집중할 것
두 번째 그룹- 감사할 일과 감사할 행동에 집중할 것
세 번째 그룹- 일상적인 일과 행동에만 집중할 것
실험 참가자들은 주어진 기간 동안 맡은 바에 충실하였다.
실험 결과, 감사할 일과 행동에 주력한 두 번째 그룹의 실험 참가자들이
가장 큰 행복감을 느낀 것으로 나타났다.
놀라운 사실은 삶이 전반적으로 매우 개선되었다는 점이다.
운동 시간도 더 늘어났고, 타인을 더 잘 도와주었으며,
웃는 시간이 늘어난 것이다.

빛나던 한때가 사라졌다고
슬퍼하지 말고,
빛나는 나날이
아직까지 남아 있음을
기뻐하고, 감사하라.
― 임마누엘 칸트 ―

인생은 부침이 심할 뿐만 아니라
시련과 역경, 슬픔과 아픔 등도 수없이 많다.
우리가 살아갈 때 꼭 필요한 것은 재산도 능력도 성공도 아니다.
이러한 것들은 정작 가장 필요할 때 큰 힘이 되어주지 못한다.

사업이 부도가 나서
믿었던 재산을 잃고 하루아침에 알거지가 되는 경우가 있다.
예기치 않은 사고로 불구가 되어 믿었던 재능을 잃게 되는 경우도 있다.
이러한 일들이 자신에게는 절대 일어나지 않을 것이라고
장담할 수 있는 사람이 있을까?
따라서 인생을 살아가면서 꼭 필요한 것은
항상 감사하는 마음이다.
슬픔과 시련의 이면에 감추어져 있는 또 다른 성질의 행복을 발견해야 한다.

두 번째 행복은 웃음이다.

웃는 사람은 웃지 않는 사람보다 더 오래 산다. ―제임스 월쉬

웃음의 놀라운 위력에 대해
메릴랜드 대학의 교수가 아주 재미있는 실험을 한 적이 있다.
실험 참가자들을 두 그룹으로 나누어
문제를 풀기 전 첫 번째 그룹의 실험 참가자들에게는
30분간 재미없는 교육 비디오를 보게 했고,
다른 그룹에게는 30분간 코미디 비디오를 보게 했다.
결과는 예상한 대로다.
코미디 비디오를 본 두 번째 그룹이
첫 번째 그룹보다 3배나 빨리 문제를 해결했다.
이것은 웃음이 우리 몸에 끼치는 영향을 입증한 단편적인 실험에 불과하다.

웃음의 어마어마한 위력을 소개하겠다.

1. 집중력을 향상시킨다.
2. 엔도르핀을 분비시켜 통증을 완화시킨다.
3. 웃으면 심장박동수가 2배 증가하고,
폐에 남아 있던 나쁜 공기가 나가고 신선한 산소가 들어온다.
그래서 혈액순환에 좋다.
4. 웃으면 인터페론 감마 호르몬(병균을 막는 항체)의 양이
200배 늘어나 면역력이 강화된다.
5. 암을 예방하고 치료한다.
웃으면 암세포를 직접 파괴하는 역할을 하는 NK 세포가 증가한다.
또한 심장병 발병률을 감소시키고, 당뇨 증상을 개선시킨다.
6. 다이어트 효과도 있다.
크게 한 번 웃으면 얼굴 근육 650개, 뼈 200개가 움직이고
내장이 진동하여 칼로리가 소모된다.

미국 메릴랜드 대학의 심리학 교수 R. 프로빈 박사는
'웃음이 많은 사람, 즉 많이 웃는 사람은 웃지 않는 사람보다
평균 생산성이 30~40% 정도 더 높다'라고 발표했다.
웃음이 몸과 마음의 윤활유 역할을 하고
부침이 심한 삶의 해결사 역할을 하기 때문이다.

세 번째 행복은 희망이다.

'내일은 내일의 태양이 뜬다'라는 말로 유명한
《바람과 함께 사라지다(Gone with The wind)》의 저자 마가렛 미첼은
소설 속 여자주인공 스칼렛과 닮아 있다.
마가렛 미첼은 오랫동안 저널리스트라는 꿈을 간직해왔지만
낙마 사고로 그 꿈을 포기해야 했다. 하지만 그녀는 절망하지 않고
'그렇다면 내가 할 수 있는 일은 무엇일까?'를 고민했다.
그리고 10년 동안 전쟁에 관한 자료를 모으면서
1,000페이지가 넘는 대작을 10년 만에 완성해냈다.
당시 그녀는 무명작가에 불과했다.
원고량이 방대하다는 이유로 3년 동안 출판사로부터 퇴짜를 맞았다.
하지만 그녀는 포기하지 않았다.
출판사 사장이 탄 기차가 그녀의 집 근방을 지나간다는 소식을 듣고,
원고 뭉치를 출판사 사장이 있는 객실로 던져 넣은 일도 있었다.
하지만 이러한 노력에도 불구하고 출판사 사장은 원고를 읽어주지 않았다.
급기야 그녀는 전보를 쳤다.
자신의 원고를 한 번만이라도 읽어달라고 말이다.
그래도 읽어주지 않았다.
그녀는 다시 전보를 쳤다. 역시 읽어 주지 않았다.
결국 네 번의 전보를 치고 나서야 출판사에서 그녀의 원고를 검토해 주었고,
비로소 출간할 수 있게 되었다.

전보를 한 번만 덜 쳤어도

우리는 세계적인 명작을 읽을 수도 영화로 볼 수도 없었을 것이다.

위대한 성공을 거둔 사람 대부분이 수많은 실패와 시련을 견뎌냈다.

우리에게 너무나 잘 알려진 KFC의 성공 스토리 역시 그렇다.

커넬 샌더스는 인생의 황혼기 무렵 사업 실패로 전 재산과 가족을 잃었다.

절망에 빠진 것도 잠시

65세의 나이에 자본도, 인맥도 없이

자신만의 닭튀김 요리법을 하나 만들어 사업을 시작하였다.

투자처를 백방으로 찾았으나 선뜻 투자하겠다는 곳이 없었다.

1년이라는 시간이 흘렀다.

하지만 그는 포기하지 않았다.

또다시 2년이라는 시간이 흘렀다.

그는 3년 동안 무려 1,009번이나 거절당했다.

어느덧 68세가 되었다.

그럼에도 불구하고 그는 1,010번째 도전을 하였고

마침내 그는 자신의 요리법을 파는 데 성공할 수 있었다.

인간은 깜깜한 어둠 속에서 3일도 버티지 못하고 죽는다.
하지만 한 줄기 빛이라도 있으면 3배 이상의 시간을 산다고 한다.
그 이유는 무엇일까?
바로 희망이라는 위대한 힘의 작용 때문이다.

50세의 노먼 커즌스 박사는 생존율이 겨우 0.2%에 불과한 불치병에 걸렸다.
하지만 그는 자신의 병을 500명 중의 한 명밖에 살 수 없는 병으로 보지 않고,
500명 중 한 명이나 살 수 있는 병이라 생각했다.
희망을 끝까지 버리지 않고,
코미디 영화와 프로그램을 의도적으로 시청하면서 웃음 치료를 시작했다.
진통제 없이는 1시간도 잠을 편하게 잘 수 없을 만큼
쇠약해진 몸이 10분 동안 정신없이 웃어 대면
2시간 동안 진통제 없이 편하게 잠을 잘 수 있었던 것이다.
웃으면 웃을수록 몸이 건강해지고 있음을 스스로 느낄 수 있었다.
그 결과 불치병이 완치되었고, 75세까지 건강하게 살았다.
웃음과 희망은 강력한 에너지를 갖고 있기 때문이다.

우리는 운명을 창조해낼 수 있는 힘을 내면에 가지고 있다.

그리고 그 힘은 바로 삶에 대응하는 태도에서 비롯된다.

가장 강하고 현명한 사람은

돈을 많이 가진 사람도 아니며,

지식을 많이 가진 사람도 아니며,

사랑을 많이 가진 사람도 아니다.

바로 감사와 웃음과 희망을 많이 가진 자들이다.

험난한 인생길에서 이 3가지의 행복을

반드시 가지고, 살아가는 사람이 되어보자.

똑똑한 토끼는 3개의 굴을 가지고 살아가듯(교토삼굴),

현명한 사람은 3가지 행복을 가지고 살아간다.

나만의 꺼지 행복

꼭 이루고 싶은
　　　　자신과의 약속

02
....

礎潤長傘
초윤장산

슬프면 웃어라

슬프면 웃어라

세상을 조금이라도 살기 좋은 것으로 만들어 놓고 떠나는 것,
그리고 자신이 한때 이곳에 살았으므로 해서
단 한 사람의 인생이라도 행복해지는 것,
그것이 진정한 성공이다.
−랄프 왈도 에머슨

살다 보면 일은 계속 꼬이고
인간관계는 엉망이 되고
통장잔고는 마이너스를 치고
직장에서는 인정받지 못하는
힘겨운 시간을 보낼 때도 있다.

이러한 상황에서 가장 필요한 것은
거창한 결심이 아니다.

미국 버지니아 대학의 심리학과 교수인 티모시 윌슨은
'두 번 다시 생각하지 마라. 다 괜찮아'라는 짧은 글을
〈뉴욕타임스〉에 기고했다.

주된 내용은 절망적인 상황에서
지나친 자기반성과 분석은
더욱더 슬프게 하고, 오히려 더 나쁜 영향을 주기 때문에
과거를 곱씹지 말고, 지금 현재에 집중하며 살아가는 것이
가장 현명한 삶의 전략이라는 것이다.

인생 자체는 행복도 아니고, 불행도 아니다.
다만 어떻게 살아가느냐에 따라 결정된다.
우리가 살면서 만나는 여러 가지 시련과 실패는
저마다의 가치와 정화작용을 가지고 있는 이면적 축복이다.
세상에 '죽음'이라는 것이 존재하지 않는다면
지구는 지금처럼 유지되지 않을 것이다.
살 집도, 식량도 턱 없이 부족하여 최악의 상황이 이어질 것이다.
'태풍'은 수많은 인명 피해와 재산 피해를 낸다.
하지만 대기를 맑게 해주고, 땅을 비옥하게 해준다.
인류 최대의 재앙이라는 '전쟁' 역시 양면성을 가지고 있다.
전쟁을 치른 나라들은 혼란과 위기를 극복하고
월등히 나은 모습으로 성장한다.
제2차 세계대전 당시 패전국이 된 일본과 독일을 보라.
지금은 강대국이 되어 있다.
그러나 평화롭게 역사를 이어온 몇몇 나라들은
아직도 후진국이라는 오명에서 벗어나지 못하고 있다.
하지만 인류의 모든 번영과 발전은
결국 '도전과 응전'의 역사라고 볼 수 있다.
금세기 최고의 역사학자 토인비는 자신의 저서 《역사의 연구》에서
여러 가지 시련과 역경이 오히려 멸망하지 않고,
찬란한 발전을 이룩할 수 있는 고마운 선물이라고 말했다.

무슨 일이 생겼느냐가 아니라
어떻게 받아들이고 대응하느냐가 인생을 결정짓는다.
어려운 상황을 만났다면
바로 그때가 크게 웃으며 맞이할 절호의 찬스라는 사실을 명심하자.

행복도 하나의 선택이며,
그 가운데 가장 잘 알려지고,
가장 오래된 방법은
미소를 짓는 것이다.
― 잭 캔필드 ―

억지로라도 웃으면 기분이 좋아진다.

재미있는 예로

보톡스 주사를 맞은 사람들은 우울증에 잘 걸리지 않는다고 한다.

억지로라도 미소를 짓게 하는 효과가 있기 때문이다.

이들에겐 얼굴을 일그러뜨리는 게 더 힘들다.

'표정이 바뀌면 인생이 바뀐다' 라는 말이 어느 정도 사실인 셈이다.

안면 피드백 이론(Facial feedback Hypothesis)이 이러한 사실을 입증해 준다.

이 이론은 1988년 3명의 심리학자가 실시한

재미있는 실험결과를 토대로 하여 만들어졌다.

두 그룹을 나누어

첫 번째 그룹에게는 이 사이에 볼펜을 물게 했고,

두 번째 그룹에게는 코와 윗입술 사이에 볼펜을 끼우게 한 후

그 상태에서 각각 만화를 보여주고,

피실험자들의 기분을 비교하는 실험이었다.

실험 결과 입에 볼펜을 문 상태로 만화를 본 그룹이

훨씬 더 재미있게 만화를 보고, 더 기분이 좋았던 것으로 나타났다.

입에 볼펜을 물게 되면 웃을 때 사용하는 얼굴 근육이 사용되기 때문이다.

반대로 코와 윗입술 사이에 볼펜을 끼우면 웃을 때가 아니라,

인상을 찌푸릴 때 사용되는 근육이 움직이게 된다.

이는 웃으면 기분이 좋아지고,

행복해질 수 있다는 사실을 뒷받침하는 실험이다.

표정이나 신체 반응에 따라 기분이 변한다.
웃는 표정을 지으면 이를 근거로 뇌는 상황을 판단한다.
파란불 신호등이 켜지면 건너갈 때라는 것을 인식하듯이
뇌는 기분이 좋다고 인식하고, 행복 호르몬을 분비한다.
반대로 인상을 쓰면 뇌는 기분이 나쁘다고 인식하고
스트레스 호르몬을 분비한다.

면접을 보기 전에 긴장이 될 때
많은 사람들 앞에서 발표해야 할 때
자신감을 북돋우기 위한 좋은 방법은
어깨를 쫙 펴고, 엄지를 치켜 올리고, 자신감에 찬 미소를 짓는 것이다.
이런 작은 행동을 통해서도 우리 마음과 기분은 변한다.
훨씬 더 여유로워질 수 있고,
자신감을 만들어 낼 수 있기 때문이다.

웃는 표정은 위기의 순간에 더 큰 힘을 발휘한다.
한 연구조사 결과에 따르면
강도 중 95%가 슈퍼마켓에 들어가서
계산대 앞에서 종업원을 바라보았을 때
종업원이 눈을 맞추면서 웃으며 인사해
강도 짓을 할 수 없어 포기한 적이 있다고 한다.
또 프린스턴 대학 연구소에서 실시한 연구 결과에 따르면
판매원들이 웃는 표정을 지을 때와 무표정할 때를 비교 분석한 결과,
웃는 표정을 지을 때가 3~10배 더 실적이 높다는 사실을 발견하였다.
웃는 표정은 형언할 수 없는 힘과 에너지를 가지고 있는 셈이다.

이처럼 웃는 표정은 다양한 경우에서
자신에게 에너지를 줄 뿐만 아니라,
바라보는 타인들에게까지 긍정적인 영향을 미친다.
주춧돌이 젖어 있으면 우산을 펼치듯(초윤장산),
상황이 슬프다면 웃는 표정을 지어보자.

Passion makes the world go round.

이 세상에서
단 한 번만 웃으라고 하면
언제 밝게 웃을까?

03

和光同塵
화광동진

자신의 행복을 감추고, 타인의 슬픔에 동참한다

자신의 행복을 감추고, 타인의 슬픔에 동참한다

타인이 슬픔에 빠져있을 때는
자신의 행복을 감추어야 한다.
혼자만 살아가는 세상이 아니기 때문이다.
이 세상은 결코 나 자신이 될 수 없는 사람들로 가득 차 있다.
따라서 타인에 대한 관심과 사랑, 배려, 나눔이야말로 행복의 원천이 된다.

성공하는 사람과 행복한 사람은
자신보다 먼저 타인을 이해하고,
타인에게 관심을 갖고,
타인을 도와주기 위해 노력한다.
자신의 행복에 만족하지 않고
주위 사람들에게 더 많은 관심을 가지며,
과감하게 타인의 슬픔에 동참한다.

행복하고 건강한 삶에도 법칙이 있을까?

하버드 대학교 인생성장보고서 《행복의 조건》에서

조지 베일런트 교수는 행복하고 건강한 삶을 위해 필요한 것들 중의 하나로

'성숙한 방어기제'를 꼽았다.

희로애락이 모두 있는 인생길에서

그가 내린 행복의 조건은

부나 재능이나 성공이 아니라,

'사랑과 신뢰를 주고받을 수 있는 좋은 인간관계'였다.

특히 나이가 들면 들수록

혼자 행복할 수 없다는 사실을 강조한다.

타인에 대한 관심과 배려를 통해

자신이 더 많이 행복을 느낄 수 있다는 것은

아이러니하면서도 매우 흥미로운 사실이다.

함께 나눌 수 있는 공동체적 관계는 훨씬 더 행복하게 만들어준다.

시너지 효과 때문이다.

하나와 하나가 모이면 둘이 되는 것이 아니라,

시너지 효과로 셋도 될 수 있고, 다섯도 될 수 있고, 열도 될 수 있다.

타인의 슬픔에 동참하는 가장 좋은 방법은

타인을 위해 진심으로 기도해 주는 것이다.

아픔을 목격하고, 상대의 행복을 위해 진심으로 기도하는 행위는

그를 행복하게 해줄 뿐만 아니라,

자기 자신 또한 더 행복하게 해주는 마법과 같다.

행복은 물과 같은 성질이 있다.

그래서 낮은 마음을 가진 사람에게로 흘러들어간다.

낮은 마음을 갖는 것은 쉽지 않다.

하지만 타인의 행복을 위해 기도하는 사람은

스스로 낮은 곳에 머물기 위해 노력하는 사람이다.

그래서 타인을 위해 기도하는 사람에게

행복이 흘러들어 올 뿐만 아니라, 축복도 넘치게 된다.

《이보규와 행복 디자인》의 저자 이보규 교수는
참된 행복은 모든 사람들이 나를 좋아하는 것이라고 말했다.
그리고 그렇게 되기 위해서는 다른 사람이 필요로 하는 것을 채워 주고,
정을 나누어주고, 균형을 맞추어야 되기 때문에 노력해야 한다고 말한다.
즉 자신의 삶과 자신의 행복만을 위해 사는 삶은
진정한 삶이 아니라고 말한다.
그가 생각하는 삶은 타인을 먼저 살리는 삶이다.

삶은 다른 사람이 잘살도록 돕는 것이다. 그것이 자연법칙이다.
왜냐하면 사람은 태어나서 다른 사람의 도움을 받지 않으면
살 수 없기 때문이다. 우리는 모두 남의 의도에 의해 태어난다.
그리고 다른 사람의 도움을 받아 성장한다.
그 후에는 다시 남을 태어나게 하고 그가 살도록 성장시킨다.
그래서 삶은 남을 살리는 것이다. -이보규

사회적 관계의 질이 사람의 행복과 수명을 결정짓는다는 연구 결과가 있다.
자살률은 이러한 사회적 관계의 질이 높을수록 낮아진다고 한다.
그래서 혼자 사는 사람들이 자살을 많이 하고,
자살할 확률도 가장 높은 것이다.
그다음이 결혼한 사람들이고,
가장 자살할 확률이 낮은 사람은 자식까지 있는 기혼자들이다.

인생은 정확한 수학이다.

무엇을 주든 어떤 형태로든 반드시 받게 된다.

승승장구하며 성공한들

함께 기뻐하고 지원해줄 든든한 사람이 없다면 무슨 소용이 있는가?

큰 성공 후에 비틀거리는 삶을 살고 있는 사람이 적지 않다.

아무리 큰 부자가 되어도, 명예와 인기가 있어도

자살로 생을 마감하는 사람이 적지 않다.

행복해지기 위한 좋은 방법은 무엇일까?

삶의 의미를 잃고 심한 우울증으로 자살시도를 했던 40대의 한 아주머니는

여느 때와 똑같이 신경정신과 의사에게 자신의 처지를 한탄했다.

그 의사는 그녀에게 극약 처방을 내렸다.

약도 운동도 아니었다.

매주 시간을 정해 놓고 자신보다 더 불쌍한 사람들을 찾아가서

그들을 도와주고, 봉사하고, 함께 슬퍼해 주라는 것이다.

처음에는 사는 것도 재미없는데 다른 사람을 어떻게 도와주나 싶어 콧방귀를

뀌었다고 한다. 하지만 어떤 약과 처방에도 우울증이 나아지지 않았던 터라

마지막 지푸라기라도 잡는 심정으로 근처 독거노인을 찾아가 밥도 해주고,

청소도 해주고, 대화도 나누며 슬픔과 아픔을 공유하기 시작했다고 한다.

시작한 지 불과 한 달 만에 알 수 없는 행복과 기쁨이 자신의 내면에서부터

샘솟는 경험을 하게 되었다고 한다. 바로 이것이 행복의 비밀 아닐까?

우리를 가장 기쁘게 하는 것은
자기가 누구에겐가
필요한 존재라는 사실이다.
남을 돕는 데 없어서는
안될 중요한 존재이며,
다른 사람에게 행복을
줄 수 있다는 사실은
정말이지 더없이 즐거운 생각이다.
행복은 이기심을 떠나
이타적인 존재로서
이타적인 행위를 할 때
우리를 찾아온다.
이것은 그러한 인간과 그 행위에 대한
자연적인 부산물로 오는 것이지
거기에 대한 대가나
상으로 오는 것은 결코 아니다.

― 윌리엄 제임스 ―

한 나그네가 말과 당나귀 한 마리를 몰고 길을 가고 있었다.
한참 가던 당나귀가 말에게 하소연했다.
"나 정말 너무 힘들어. 내 짐 좀 나눠서 지면 안 되겠니?"
하지만 말은 당나귀의 부탁을 거절했다.
결국 피곤에 지친 당나귀는 도중에 쓰러져 죽고 말았다.
그러자 주인은 당나귀가 지던 짐과 죽은 당나귀까지
전부 말의 등에 올려놓았다.

《우화에서 발견한 인생지혜》에 소개된 이야기다.
행복은 이기심으로 똘똘 뭉친 사람에게는 절대 오지 않는다.
'이타심'의 다른 이름이 바로 '행복'이기 때문이다.

E. M. 그레이 교수는
《성공인의 공통분모(The Common Denominator of success)》에서
성공한 사람들에게는 3가지 공통점이 있다고 주장했다.

첫째, 일 자체를 즐긴다.
하기 싫지만 당위성이나 사명감만으로 열심히 일하는 사람은
최상의 결과를 만들어내지 못한다.
일을 즐기는 사람은 자신의 에너지와 잠재력까지
모두 쏟아부을 수 있어 최상의 결과를 만들어낼 수 있다.

둘째, 행운이 뒤따른다.
무조건 열심히 일하고, 재능이 있다고 해서 다 성공하는 것은 아니다.

셋째, 인간관계가 좋다.
자신을 타인보다 더 낮추고, 타인을 진정 위할 줄 아는 사람.
당장은 조금 손해 보는 듯하지만,
결국 성공이라는 열매로 보상받게 되어 있다.
성공이라는 산은 인간관계라는 나무들로 이루어져 있기 때문이다.

초등학교 교육밖에 받지 못한 한 사람이 있었다.
번듯한 직업 교육조차 받지 못하여
20년 넘게 병원에서 잡역부로 일하며 살았다.
그의 일과 중에는 환자에게 식사를 제공하는 일이 있었는데
내과 환자들이 빵을 먹고 난 후,
소화가 잘되지 않아 속이 불편하다는 사실을 알게 되었다.
환자들의 고통을 함께 느낀 그는
자신이 할 수 있는 일을 찾기 시작했다.
왜 환자들이 빵을 먹고 난후 고통을 호소하는지,
그것을 개선하기 위해 어떻게 곡물로 빵을 만들어야 하는지에 대해
오랫동안 연구와 실험을 거듭했다. 결국 환자들이 먹기에도 좋고,
속이 불편해지는 고통도 없으면서, 영양가도 높은 시리얼을 탄생시켰다.
이 사람이 바로 전 세계적인 기업가가 된 켈로그의 창립자
윌 키스 켈로그(Will Keith Kellogg)다.

타인의 슬픔에 동참하고, 타인을 위해서 자신이 할 수 있는 일을 찾아서 할 때
큰 성공의 길로 이어진다.
자신의 지덕과 재기를 감추고, 속세와 어울리듯(화광동진),
자신보다는 먼저 타인의 슬픔과 아픔에 동참할 수 있는 사람이 되어보자.

나를 위해
울어본 적이 있는가?

타인을 위해
울어본 적이 있는가?

04

以夷制夷
이이제이

행복으로 슬픔과 근심을 제압한다

행 복 으 로   슬 픔 과   근 심 을   제 압 한 다

지금까지 부정적인 생각을 억제하고, 쫓아내는 것이
행복해질 수 있는 최선의 방법이라고 알려져 왔지만
최근 이 방법은 오히려 더 깊은 슬픔에 빠지게 하고,
더 괴롭게 만든다는 연구 결과가 나왔다.
떨치려고 노력하면 할수록 그 생각이 더 괴롭히기 때문이다.
한 예로 다이어트 하는 사람에게 초콜릿을 먹지 말라고 하면
초콜릿을 먹고 싶은 마음이 더 간절해진다.
시험 기간이라 영화를 볼 수 없으면
영화를 보고 싶은 마음이 더 간절해진다.

슬픔과 근심을 제압하는 가장 좋은 방법은
그것을 억제하는 것이 아니라,
그것들과 전혀 다른 것에 주의를 돌리는 것이다.
가장 좋은 방법은 자신이 일상에서 느끼는 소소한 행복에 대해
간단하게라도 글로 쓰는 것이다.
우리는 글을 쓰면서 슬픔과 근심을 간단하게 제압하고, 떨쳐낼 수 있다.

마음의 상처를 치유하는 방법으로

지금까지는 그 슬픔을 남과 나누는 것이라고 여겨왔다.

정화 작용, 즉 카타르시스를 통해 치유할 수 있다고 생각했고

큰 이견은 없었다.

물론 슬픔이 조금은 줄어드는 것처럼 느낀다.

하지만 실제 삶에 있어서는 크게 효과가 없다는 이견이 나오기 시작했다.

상처와 슬픔을 극복하는 시도와 연구가 활발하게 일어났고,

새로운 방법으로 '글쓰기'가 대두되었다.

글쓰기는 아무 체계도 없이 혼란스럽게 말하는 것과 다른 차원의 활동이다.

말보다 글로 쓰게 되면 문제의 핵심을 정확히 알 수 있고

체계적으로 그 문제에 대하여 사고할 수 있게 도와주기 때문에

합리적인 해결책을 스스로 찾아낼 수 있게 도와준다.

그래서 글쓰기는 상처와 슬픔을 극복하게 도와주는 훌륭한 방법이면서

동시에 행복을 찾을 수 있는 방법이다.

그 행복은 슬픔과 근심을 제압할 수 있게 만들어 준다.

특히 감사와 용서에 대한 글쓰기를 많이 할수록

큰 행복이 만들어진다.

A man has to have a code, a way of life to live by.

행복으로 슬픔과 근심을 제압하는 전략을 잘 사용하여 성공한 민족이 있다.

바로 유대민족이다.

유태인들의 역사는 매우 비극적이다.

하지만 현재 이 땅의 어떤 민족보다 성공했다.

이들의 숨은 저력은 무엇인가?

이들이 성공한 이유는 선조들로부터 비옥한 땅을 물려받고,

평화로운 곳에서 살았기 때문이 아니다.

그 반대다.

이들의 속담에 귀 기울여보자.

'고난은 웃음을 낳는다.'

'하나님 앞에서는 울어라. 그러나 사람들 앞에서는 웃어라.'

'지금이 아니라면 도대체 언제가 웃을 때라는 말인가?'

이들의 저력은 웃음과 유머를 통한 행복이다.

이것은 유태인들로 하여금 5000년의 박해와 떠돌이 생활,

온갖 시련과 슬픔을 제압하고 다시 거듭나게 만들었다.

아이는 하루에 4,000회 정도 웃지만,
어른은 겨우 7번 정도 웃는다고 한다.
어른은 온갖 걱정, 근심, 염려, 두려움을 40가지 정도 가지고 산다.
그리고 잠들기 전에 하루를 반성한다.
하지만 아이는 잠들기 전에 다음날 무엇을 하고 놀까라는 설렘으로 잠든다.

Great deeds are usually wrought at great risks.

한 남자가 있었다.
최고의 명문가 후손으로 태어나 그 시대에 받을 수 있는 최고의 교육을 받았다.
그 덕분에 철학을 비롯한 여러 분야에 성공적인 이력과 경력을 쌓을 수 있었다.
다방면에 걸쳐 서적을 저술했고, 한 나라의 최고관리직에 선출되었다.
사랑하는 여인을 만나 결혼하였고,
행복한 가정을 꾸리며 아들 역시 출세가도를 달리고 있다.
그러던 어느 날, 갑자기 억울한 누명을 쓰고 외딴 섬에 갇힌 사형수가 되었다.
자, 당신이라면 어떻게 할 것인가?
사형이 실행되기 전까지 비탄에 빠져 죽을 날만 기다리며
억울함으로 자신의 몸과 영혼이 잠식되어가는 것을 바라보고만 있을 것인가?

이 이야기의 주인공은 수백 년 동안 수많은 사람들에게 위안을 주었던
고전 《철학의 위안(The Consolation of Philosophy)》의 저자
안시우스 보에티우스(Ancius Boethius)의 실화다.
지옥 같은 시간을 보내며
그는 서양에서 《성경》 다음으로 많은 사람들에게 읽힌
《철학의 위안》이란 명작을 탄생시킨다.

그 역시 처음에는 절망에 빠졌다.
하지만 우연히 감옥 안에서 위대한 교훈을 발견하고 깨닫게 된다.

내가 그렇게 생각하지 않는 한
세상에 비참할 것은
아무것도 없다.
또 만족할 줄 모르면
그 어디에서도
행복을 찾을 수 없다.

이 교훈을 통해 비참한 현실 속에서도 마음의 평정을 되찾을 수 있게 되었다. 이러한 마음의 평정과 행복은 그로 하여금 책을 쓸 수 있도록 이끌었다. 그는 슬픔을 자신이 발견한 내면의 행복으로 제압했던 것이다. 오랑캐를 통해 오랑캐를 제압하듯(이이제이), 또 다른 행복을 통해 슬픔과 근심을 제압해 보자.

내 인생의
　　가장 행복한 결심

05
....

非危不戰
비위부전

행복한 상황이 아니면 싸우지 않는다

행복한 상황이 아니면 싸우지 않는다

우리는 가장 불행할 때 싸움을 뒤로 미루는 연습을 해야 한다.

한발 물러나 훗날을 위해 준비하라.

최고의 고수와 대가들은 기다릴 줄 아는 사람들이었다.

자신을 둘러싼 모든 환경과 형편이 불리할수록 더욱 그렇다.

겨울이 가면 봄이 오듯 이것 또한 지나간다.

인생에는 모두 때가 있다.

불행하지만 어떤 조치도 취할 수 없다면

조용히 기다릴 줄 알아야 한다.

나아감과 멈춤을 아는 자만이 큰 성공을 할 수 있다.

불행한 상황 속에서도 마음의 평정을 유지하는 것이 중요하다.

상황이 바뀌어 나아가야 할 때

더 멀리 도약하기 위함이다.

만약 사마천이 인생을 비관해 죽음을 택했다면
중국 역사를 재조명한 통사이자 불후의 명작 《사기》는
이 세상에 존재하지 못했을 것이다.
그 당시 궁형을 받느니 죽음을 택하겠다는 것이
일반적인 사회 풍조였다.
하지만 사마천은 그 모든 수모와 모욕을 참으면서
때가 오기만을 기다렸다.
참고 기다릴 줄 알았던 사마천은
지금껏 중국 최고의 역사가로 칭송받고 있다.

오직 인내와 결단력만이 무엇이든 이룰 수 있게 한다.
존 케이 교수가 쓴 《우회전략의 힘(Obliquity)》이라는 책이 있다.
그는 직접적으로 가는 것보다는 우회적으로 돌아가는 것이
더 효과적이며, 더 나은 전략이라고 말한다.
그래서 빨리 가려면 돌아서 가라고 조언한다.
뿐만 아니라, 가장 큰 부자는 돈에 집착하지 않는 사람들이며
가장 수익률이 높은 기업은 이윤에 목숨 걸지 않는 회사라고 주장한다.
또한 행복한 사람은 절대로 행복을 직접적으로 추구하지 않으며,
다른 무엇인가를 통해 행복한 사람이 되었다고 말한다.
이것이 바로 '우회전략' 이다.

Happiness gives us the energy which is the basis of health.

오스트리아의 정신분석학 창시자인 프로이트는
인간에게는 일정량의 정신에너지가 있다고 주장하였다.
이것은 마치 통장에 현금화할 수 있는
일정량의 돈을 가지고 있는 것과 같아서
위급한 일이 생겨서 그 돈의 대부분을 써버리면
문화생활 영위는커녕 기본적인 생활비조차 부족해지는 것과 같이
어떤 큰 슬픔을 느끼게 될 때
정신에너지의 대부분이 그 슬픔에 대처하기 위해 소모되기 때문에
다른 일을 할 수 없어 건설적이고,
생산적인 일을 제대로 할 수 없게 된다는 것이다.

매사에 활력이 넘치고, 의욕적이고, 창의적인 사람이 있다.

그러던 어느 날, 그는 충격적인 소식을 접하게 된다.

건강검진 결과가 나왔는데 대장암 말기라는 것이다.

그 소식을 듣고 아무것도 할 수 없게 되었다.

아무런 의욕도 생기지 않는다.

그 어떤 창의적인 생각도 할 수 없게 되었다.

내면의 모든 정신에너지가 고갈되었기 때문이다.

하지만 그 건강검진 결과가 오진이었음이 밝혀진다.

그 사람은 예전보다 더 활기가 넘치고,

매사에 감사함을 느끼게 된다.

정신에너지가 소모되는 대신 비축되기 때문이다.

일상 속에서 기쁘고 즐거울 때

정신에너지가 더 많이 비축되고, 생성되는 것을 느낄 수 있다.

심신이 지친 상태에서 싸움을 하면 백전백패다.

고전(古典)에서 기다림에 대한 지혜를 찾아보자.
《손자병법》의 손무는 군대를 움직이는 3가지 기본 원칙에 대해 말하면서
군대를 움직이지 말고, 기다려야 할 경우 또한 설명한다.
군대를 움직여야 할 때 움직이지 않으면 승리를 놓치게 되지만
반대로 군대를 움직이지 말아야 할 경우에 움직이면
큰 재앙이나 패배를 당하게 되므로, 더 큰 손해라는 것이다.
즉 움직여야 할 때보다 움직이지 않아야 할 때를 더 잘 판단해야 한다는 것이다.
그렇다면 그가 그토록 경계하는
군대를 움직이지 말아야 하는 기본적인 3가지 경우는 무엇일까?

1. 이익이 없다면 군대를 움직이지 마라. – 비리부동(非利不動)
2. 위기 상황이 아니면 싸우지 마라. – 비위부전(非危不戰)
3. 얻을 것이 없다면 군대를 동원하지 마라. – 비득불용(非得不用)

이와 같은 상황이면 손자는
과감하게 군대를 움직이지 말고, 싸우지 말라고 했다.
마찬가지다. 무엇을 위해 우리는 매일 힘겨운 싸움을 하고 있는가?
승리하면 행복해질 수 있을 것이라는 착각에 빠져 있기 때문이다.
절대 불행한 싸움에서 승리한다고 행복해지는 것이 아니다.
먼저 행복을 꾀하는 것이 중요하다.
그렇게 하기 위해서는 느긋하게 기다릴 줄 알아야 한다.

눈앞의 이익이나 결과보다는 장기적인 안목으로
인생을 바라볼 줄 알아야 한다.
《손자병법》에서도 가까운 길로 곧게만 가는 것이 아니라
돌아갈 줄도 알아야 한다는 우회전략의 지혜에 대해서 말하고 있다.

가까운 길을 먼 길인 듯 가는 방법을
적보다 먼저 아는 자가 승리를 거두게 된다.

즉 누구나 다 알고 있는 방법과 전략으로
뻔한 싸움을 시작하지 말라는 것이다.
상대가 미처 생각지도 못하는 방법으로 승리하기 위해서는
느긋함과 기다림이 필수적인 요소이다.
여기에 상대의 허를 찌를 수 있는 기발한 전략이 덧붙여진다면 승리할 수 있다.
가장 빠른 길로 들어올 것이라고 생각하는 상대를 무찌르기 위해서는
먼 길로 돌아가야 하고,
먼 길로 우회할 것이라고 생각하는 상대를 무찌르기 위해서는
길이 아닌 절벽을 타고 올라가야 할 것이다.

우회할 때 눈에 보이지 않던 새로운 길이 보이고,
새로운 가능성이 보이게 된다.
천천히 한 단계 한 단계씩 밟아 올라가다 보면
어느덧 정상에 올라와 있을 것이다.
인생은 아무리 늦어도 다시 시작할 수 있다.
위급한 상황이 아니면 싸우지 않듯(비위부전),
상황이 좋지 못할 때는 기다려 보자.
그것이 지혜로운 길이다.

*I had learnt to seek intensity...
more of life, a concentrated sense of life.*

가장 힘들었던
　　　결정은?

1년간의
휴가가 주어진다면
어디로 떠날 것인가?

06

走爲上策
주위상책

행복한 것이 상책이다

행 복 한 것 이 상 책 이 다

인생에 주어진 의무는 다른 아무것도 없다. 그저 행복하라는 한 가지 의무뿐,
우리는 행복하기 위해 세상에 왔다. —헤르만 헤세

불행하다면
아무리 부와 명예가 있어도 무슨 의미가 있을까?
천하를 호령한다고 해도 자신이 행복하지 않다면 무슨 소용이 있을까?
성공보다 더 중요하고 의미 있는 것은 행복한 것이다.
이미 행복하다면
부와 명예는 인생에서 의미가 큰 것이 아님을 발견하게 될 것이다.
정복자 나폴레옹은 천하를 호령했다.
하지만 과연 권력이 그에게 무슨 의미가 있었을까?
그는 내 생에 행복한 날은 6일밖에 되지 않았다고 고백했다.

이와 완전히 다른 삶을 살다 간 사람도 있다.

바로 헬렌 켈러이다.

그녀는 어려서 심한 열병으로 시각, 청각을 잃었다.

그럼에도 불구하고 그녀는

내 생애에 행복하지 않은 날은 하루도 없었다고 말했다.

나에게는 너무나 많은 것이 주어졌다.

나에게 어떤 것들이 없는지 생각하며 머뭇거릴 시간이 없다. -헬렌 켈러

불행한 사람과 행복한 사람의 차이는

갖지 못한 것을 사랑하고, 이미 갖고 있는 것을 사랑하는 것의 차이다.

Despair is a narcotic. It lulls the mind into indifference.

지혜의 왕 솔로몬은 세상의 모든 부귀영화를 다 누려보았다.

그는 자신의 경험과 지혜를 토대로 하여

《잠언》과 《전도서》라는 책을 남겼다.

특히 《잠언》에는 삶의 다양한 면과 교훈을 담고 있어

청소년들이 읽어도 전혀 손색없을 정도로 좋다.

한 마디로 《잠언》은 사람이 지혜롭게 살아가는 법을 가르쳐 주는 책이다.

하지만 《전도서》를 읽어보면 그 내용과 분위기가 사뭇 다르다.

남부러울 것이 없었던 그가 자신의 지혜와 찬란한 인생을 토대로

내린 인생의 결론은 어처구니없게도 '허무', '헛됨'이었다.

처음 읽어도 깨닫는 바가 많지만

두 번, 세 번 읽으면

깨닫는 바가 점점 더 깊이를 더한다.

오랜 시간 이 책을 덮어두었다가

인생의 산전수전, 공중전까지 겪은 후에 다시 읽어보면

이 책만큼 인생에 대해 제대로 논한 책은 없다고 느끼게 된다.

솔로몬 왕이 이 책에서 제안한 인생철학을

몇 가지로 요약해 보면 다음과 같다.

첫째, 어디에서 무엇을 하든 행복하게 사는 것이 제일 좋은 삶이다.
솔로몬 왕은 태양 아래에서 세상 사람들이 최고라는 하는 것들,
즉 지혜와 높은 학식, 수고와 노력, 목적과 의도, 성공과 업적, 명성과 인기,
부와 재물 등이 모두 헛되다고 말하면서도 아이러니하게
'사람이 먹고 마시는 것과 수고함으로
낙을 누리는 것(행복하게 사는 것)이 전능자 하나님의 선물'
이라는 점을 알게 되었다고 했다.

둘째, 인생은 유한하다.
최후의 순간에 살면서 행한 모든 행위에 대해 심판받게 되므로
인간을 창조한 하나님을 경외하고 그 명령을 지키는 것이 매우 중요하다.
세속에 집착하지 말 것과 인간의 교만을 경고하고 있다.

셋째, 자신에게 주어진 일에 최선을 다하고,
자신에게 허락된 아내와 함께 행복하게 사는 것이 최고의 인생이다.
현재 우리의 삶에서 주어진 일과 환경에서 최선을 다하는 것이
얼마나 중요한 것인지에 대해 말하고 있다.

Rather be dead than cool.

솔로몬이 제안한 3가지 인생철학 중 하나는 매우 영성의 성격이 강한 것이다.
하지만 나머지 2가지는 행복하게 사는 것과 밀접한 관련이 있다.
행복하게 살려면 어떻게 해야 하는가?
마음이 행복하면 몸도 따라간다.
마찬가지로 몸이 유쾌하게 활동하면 축 늘어진 마음도 따라간다.
몸과 마음은 매우 밀접하게 상호작용을 하기 때문이다.
마음이 괴로울수록 오히려 몸을 유쾌하게 움직여 보라.
가볍게 조깅을 해도 좋고, 춤을 추어도 좋다.
심지어 손가락, 발가락을 움직여도 좋다.
눈동자를 좌우로 움직여도 좋다.
놀랍게도 이러한 행동은 우리의 뇌를 깨우고, 마음을 깨운다.
이러한 사실을 뒷받침해 주는 이론들이 많다.
그중 하나가 러너스 하이(runner's high)이다.
조깅을 하다 보면 쾌감을 경험하게 되는데
마음과 뇌가 움직임에 반응하기 때문이다.
러너스 하이란 일정 시간 달리면 뇌에서 마약 성분인 모르핀이 흘러나오는데
마약할 때처럼 극도로 기분이 업되고 쾌감을 느끼게 되는 순간을 말한다.
이를 경험한 사람들은 이 맛을 잊을 수 없어 중독된다.
하지만 이 중독은 몸에 해로운 것이 아니기 때문에 적극 추천한다.

운동처럼 매우 활동적인 유쾌함뿐만 아니라
작은 미소나 작은 몸짓 역시 우리를 행복하게 만든다.
아침마다 일어나서 기지개를 켜고, 크게 웃어 보자.
이러한 유쾌함은 하루를 행복하게 살 수 있게 해주는 힘이다.
귀농시인 서정홍 씨는 자신의 저서 《농부시인의 행복론》에
다음과 같은 글을 남겼다.

살아 숨 쉰다는 것만으로도 기뻐서
아침에 눈을 뜨면
가슴이 뜨겁고 마음이 설렌다.
이 지구상에서 내가 제일 행복하다.
―서정홍―

부자가 되면
행복해질 수 있을까?

원하던 것을 얻게 되면
행복해질 수 있을까?

07

得漁忘筌
득어망전

행복하다면 더 이상 욕심은 버려라

행복하다면 더 이상 욕심은 버려라

조금씩 행복해지고 있다면, 이미 행복하다면
더 이상의 욕심은 버리자.
10개 중 8가지 정도를 가지면 충분히 행복해질 수 있다.
그러나 나머지 2개를 얻기 위해 슬퍼하고 분노하는 사람들은
나머지 8개가 주는 가치와 행복을 느끼지 못한다.
인간의 마음만큼 간사한 것이 없다.
그래서 원하는 것을 손에 넣으면
더 많은 것, 더 좋은 것, 더 나은 것을 손에 넣기 위해 노력한다.
늘 불안하고, 깊은 휴식을 취할 수 없으며
감사한 마음을 갖지 못한다.

자신이 불행하다는 사실을 아는 사람은 많다.
그러나 자신이 행복하다는 사실을 모르는 사람은 더 많다. -슈바이처

HAPPY

현대인들은 자신이 얼마나 행복한 사람인지

깨달을 수 없을 정도로

바쁜 시대를 살고 있다.

특히 한국 사회는 더욱더 그렇다.

만족을 모르고 감사함을 느끼지 못한다.

자살률 1위, 이혼율 1위라는 타이틀이 가감 없이 말해주고 있다.

현재 가진 것을 마음껏 누릴 수 있는 마음의 여유와 자세가 필요할 때이다.

《명품을 코에 감은 코끼리, 행복을 찾아 나서다》의 저자

조너선 헤이트 심리학과 교수는 자신의 저서에서

성취를 통한 행복은 곧 끝나고, 오래가지 못할 뿐이라고 경고한다.

결과적으로 성취했을 때보다 그것을 향해 나아가는 과정에서

더 큰 기쁨을 얻게 된다고 말한다.

이것을 '진행원리(Progress Principle)'라고 한다.

행복은 그 과정에서 나오는 것이지

결과에서 나오는 것이 아니라는 의미다.

목표를 향해서 달려가다 좌절을 느끼면 비틀거리게 된다.

또한 성공했다고 하더라도

그 과정에서 누렸던 행복보다 훨씬 더 작은 행복을 맛보게 되거나,

다음에 무엇을 해야 할지 망설이게 된다.

현명하게, 훌륭하게, 바르게 살지 않고서는 즐겁게 살 수 없다.
또 즐겁게 살지 않고서는 현명하게, 훌륭하게, 바르게 살 수 없다.
―에피쿠로스

그의 말처럼 현명하게, 훌륭하게, 바르게 살지 않고서는 즐겁게 살 수 없다.
반대로 즐겁고 행복하다면 현명하고, 훌륭하고, 바르게 살 수 있다.

'과유불급(過猶不及)'이라는 말이 있다.

행복도 지나치면, 오히려 삶에 해가 된다.

하물며 욕심이 지나치면 어떻게 되겠는가?

진실로 조심해야 할 것은 욕심이다.

《행동하는 낙관주의자》의 저자 수잔 세거스트롬 심리학과 교수는

버킷 리스트에서 '좀 더 행복해지기' 목록을 빼야 한다고 주장했다.

우리가 좀 더 행복해지지 못하는 이유는

좀 더 행복해지기 위해서 노력하기 때문이라고 말한다.

실험 결과 기분 전환을 위해 계획을 세워 음악회를 가는 사람보다

전혀 기대하지 않고 음악회에 가서 음악을 듣게 되었을 때

기분이 훨씬 더 좋아지고

더 큰 행복감을 느꼈다는 것이다.

다음은 또 다른 실험 결과이다.

피실험자들에게 음악을 듣기 전에

일부에게는 음악을 듣기만 하라고 지시하고,

일부에게는 음악을 들으면서 기분이 업되도록 노력하라고 지시하고,

일부에게는 음악을 들으면서 자기가 얼마나 행복한지

그 감정을 관찰하고, 분석해 보라고 지시했다. 결과는 어땠을까?

가장 큰 행복감을 느낀 사람은 음악을 듣기만 한 사람들이었다.

여기에서 우리는 교훈을 하나 얻을 수 있다.

행복에 집착하고 좇아가는 것이 불행해지는 지름길이라는 것이다.

- '행복'은 '만족'의 다른 말이다.
- '불행'은 끝없는 '욕망과 욕심'의 또 다른 말이다.

부자들 중에서도 똑똑한 사람은 가난했을 때처럼 일한다.

이는 2가지로 해석될 수 있다.

첫째, 더 많은 돈을 벌기 위해 악착같이 일한다.

둘째, 돈을 생각하지 않고 순수한 열정만으로 열심히 일한다.

이것이 행복의 패러독스다.

똑같이 열심히 일해도

더 큰 성공과 부를 목표로 하는 사람은 행복할 수 없다.

그 마음 때문에 행복이 설 곳이 없어지기 때문이다.

하지만 일 자체를 즐기는 사람은 행복한 사람이다.

20대 초반의 한 젊은이가 급하게 길을 가고 있었다.

길가의 멋진 풍경을 구경하지 못했고,

지나가는 많은 사람들에게 조금의 관심이나 배려도 베풀 수 없었다.

이상하게 여긴 한 사람이 그를 막아서서 물었다.

"젊은이, 뭐가 그렇게 급하오?

나랑 대화도 나누고, 멋진 풍경도 함께 구경합시다."

젊은이는 고개도 돌리지 않고 대답했다.

"가로막지 마세요.

저는 당신이나 풍경보다 더 멋지고 더 귀한 행복을 찾아가는 중입니다."

젊은이는 계속 앞만 보고 걸어갔다.

세월이 흘러 젊은이는 40대 중년이 되었다.

하지만 그는 급하게 길을 가고 또 갔다.

이를 이상하게 여긴 한 사람이 그를 막아서서 물었다.

"뭐가 그렇게 바쁩니까? 저랑 잠깐 대화를 좀 나눌 수 없을까요?

저를 알게 되면 좋은 일이 생길 것입니다."

"저는 가장 좋은 것을 찾고 있습니다. 당신과 대화를 나눌 시간이 없습니다.

시간을 낭비하고 싶지 않습니다."

또다시 20년이 흘렀다.

그는 허리가 구부러지고 무릎이 삐끗삐끗한 노인이 되었다.

그럼에도 불구하고 계속 나아갔다.

어떤 사람이 그 광경을 보고 또다시 물었다.

"노인 양반, 아직도 그 행복이란 것을 찾아가고 있는 중이오?"

"그렇소."

대답을 하면서 비로소 걸음을 멈춘 그는 깨달음의 눈물을 흘리게 되었다.

그토록 찾아 헤매던 행복이

저 멀리, 저 높은 곳에 있는 것이 아니라

40년 전부터 언제나 자신의 곁에 있었던 것이라는 사실을 깨닫게 된 것이다.

그가 조금만 더 일찍 눈을 떴다면 더 행복한 삶을 살았을 것이다.

행복의 가장 큰 장애물은

지나친 욕심이다.

여행을 갈 때는

꼭 필요한 짐만 배낭에 넣어야 한다.

이것저것 욕심을 부리다 보면

정작 필요한 짐을 가져가지 못하고, 여행을 망쳐버릴 수 있다.

필요한 짐과 그렇지 않은 짐을

구별해 내는 지혜가 필요하다.

삶도 마찬가지다.

욕심을 버리지 못하면 더 이상 행복할 수 없을 뿐만 아니라
더 많은 것을 잃게 된다.
재미있는 인도 원숭이 사냥법에 관한 이야기가 있다.

인도의 사냥꾼들은
사람처럼 원숭이에게도 욕심과 집착이 있다는 사실을 발견하고
새로운 사냥방법을 개발했다.
이 사냥법에 필요한 것은 총이나 화살이 아니라
원숭이가 욕심낼 만큼 맛있는 견과류다.
상자에 원숭이 손 하나만 겨우 들어갈 정도의 작은 구멍을 뚫어 놓고,
그 안에 견과류를 넣어 놓으면 원숭이를 쉽게 잡을 수 있다.
빈손일 때는 상자 안으로 손을 넣을 수 있지만,
상자 안에서 견과류를 움켜쥐면 상자 밖으로 손을 뺄 수 없다.
견과류를 포기하면 손을 다시 상자 밖으로 뺄 수가 있지만,
자신의 자유와 생명보다 가치 없는 견과류를
포기하지 못해 사냥꾼에게 잡힌다.

우리 인생도 이와 마찬가지 아닐까?

인생에서 정말 무엇이 중요한지를 생각해보고

그것을 추구한다면

또 가진 것에 만족한다면 당신은 충분히 행복해질 수 있다.

전쟁에서는 때로는 도망가는 것이 상책(주위상책)일 때가 있지만,

인생에서는 항상 행복함으로 사는 것이 최고의 상책이다.

지금까지 걸어온 길과 걸어갈 삶을 보여주는 지도는?